NICOLAS 1980

Psychologie
de la Femme

PAR

HENRI MARION

Professeur à la Faculté des Lettres de Paris

Librairie Armand Colin

Paris, 5, rue de Mézières

Psychologie

de la Femme

DU MÊME AUTEUR

A LA MÊME LIBRAIRIE

L'Éducation dans l'Université. Un vol. in-18 jésus, broché. **4 fr.**

Leçons de Morale. Un vol. in-18 jésus, broché. . . . . . **4 fr.**

Leçons de Psychologie appliquée à l'Éducation. Un vol. in-18 jésus, broché. **4 50**

Coulommiers — Imp. Paul BRODARD. — 1212-99.

ÉTUDES DE PSYCHOLOGIE FÉMININE

Psychologie de la Femme

PAR

HENRI MARION

Professeur à la Faculté des Lettres de Paris

Librairie Armand Colin

Paris, 5, rue de Mézières

1900

AVERTISSEMENT DES ÉDITEURS

M. Marion a laissé, en mourant, les manuscrits de plusieurs des cours qu'il avait professés
à la Sorbonne, où il enseignait, comme on le
sait, la « Science de l'éducation ». C'est un
de ces manuscrits que nous publions, le plus
important par son étendue à la fois et par le
sujet qu'il traite. M. Marion avait consacré à
ce grand sujet de l'éducation des filles deux
années de son enseignement[1]. Il y avait apporté,
sans parler des qualités si bien appropriées de
son esprit et des fruits accumulés de ses travaux
antérieurs, une abondante préparation spéciale.
Il avait rédigé avec complaisance, avec amour,
le texte de chaque leçon, écrivant toutes les
phrases, copiant les citations, poussant le soin

[1]. Les années, 1892-93 et 1893-94.

jusqu'à marquer à la marge les divisions principales et l'enchaînement des idées. Il se propo-
sait de revenir un jour sur ce travail favori pour
le conduire au dernier degré d'achèvement. La
mort l'en a empêché. Il nous a semblé que ce
serait, en quelque sorte, frustrer le public d'un
ouvrage utile qui lui était destiné, et la mémoire
de M. Marion d'un surcroît d'estime et de recon-
naissance, que de reculer devant les difficultés
que la publication présentait. En effet le manu-
scrit ne pouvait être imprimé sans retouche.
Quelque soin que l'auteur eût mis à l'écrire, ce
n'était que le texte de ses leçons orales. D'une
leçon à l'autre, il s'y rencontrait des redites que
l'enseignement appelle ou exige, mais que le
livre proscrit. Les développements se prolon-
gaient souvent avec l'insistance du discours.
Enfin si châtiée que fût naturellement la parole
du professeur, on y sentait la négligence
aimable de l'improvisation. Il fallait donc porter
dans l'ouvrage une main étrangère, remanier
le texte, abréger les leçons, parfois en fondre
deux en une, modifier, corriger l'expression.
M. A. Darlu, professeur à l'École normale
supérieure de Sèvres, sur la demande de la

veuve de M. Marion, a bien voulu se charger
de cette revision. Il y a apporté, en même
temps qu'une compétence indiscutable, un respect scrupuleux de la pensée de l'auteur et un
souci constant de conserver jusque dans le
détail de l'expression tout ce qui caractérisait
son ton et sa manière. On ne peut sans doute
se flatter d'offrir au public une œuvre aussi
achevée que l'auteur avait souhaité de la lui
donner; il y aurait mis plus de variété et
d'agrément; et, pour tout dire, la fleur de son
talent y manquera. On a confiance cependant
que le lecteur y trouvera, avec le fond solide de
ses réflexions, la plupart des qualités qu'il était
accoutumé à goûter dans ses autres écrits, la
saveur franche du style, la délicatesse et la
mesure du goût, et surtout cette générosité des
sentiments qui était ici une condition indispensable pour rencontrer la vérité et pour la dire.

TABLE DES MATIÈRES

PSYCHOLOGIE

DE LA FEMME

PREMIÈRE LEÇON

Introduction.

bjet du cours. — Plan. — Méthode. — Inspiration générale.

Cette étude comprendra deux parties : 1° la psy-
hologie de la femme; 2° l'éducation des filles.
ans la première partie, essentiellement théorique,
ous chercherons quelle est la nature de la femme,
t de quel développement elle est ou n'est pas sus-
eptible ; dans la seconde, toute pratique, nous nous
emanderons comment il convient de l'élever. Le
ien des deux parties est évident; on ne pourrait ni
n supprimer une, ni les intervertir; il est trop clair
ue l'éducation à donner à un être quelconque
épend de ses dons et aptitudes, de ce qu'il est en
fait ou peut devenir, bref de sa nature et de sa des-

tinée. Jetons un coup d'œil rapide sur les questions qui s'offriront à nous tour à tour.

Ce qu'est la femme en fait, psychologiquement, ce qu'elle est, soit en général et en moyenne, soit dans un pays donné, à un moment donné, dépend de deux causes fondamentales : premièrement de sa condition sociale, telle que l'a faite l'histoire, car son caractère et ses dispositions tiennent pour une part énorme aux habitudes qui résultent de son éducation traditionnelle et de son mode de vie dans son milieu ; mais en second lieu et plus profondément encore, cela dépend de sa nature physique, c'est-à-dire de sa structure anatomique et de ses fonctions physiologiques. Nous aurons à considérer ces deux facteurs successivement, en remontant du plus superficiel au plus profond, qui est, à vrai dire, le seul irréductible.

Sur le premier point, le facteur social, nous verrons, en jetant un coup d'œil rapide sur la condition des femmes dans le passé, comment cette condition s'est modifiée au cours des siècles, et avec elle le caractère des femmes. Il y a eu là une double évolution, deux séries parallèles de transformations : transformation de la condition sociale des femmes aboutissant à l'état actuel, qui, lui-même d'ailleurs, ne semble pas immuable ; transformation de la nature féminine, ou formation graduelle du caractère tel qu'il prédomine aujourd'hui chez les femmes, sans qu'on puisse dire qu'il soit fixé ni

destiné à rester ce qu'on le voit. Des enseignements
utiles se dégageront, si je ne me trompe, de cette
étude, toute rapide qu'elle doive être.

Nous verrons, d'une part, les deux sexes se diffé-
rencier de plus en plus par le progrès de la civilisation, en même temps que s'accentue entre eux la
division du travail; ce qui nous invitera peut-être à
nous défier de tout ce qui pourrait tendre à produire
entre eux une identification factice et contre nature,
car cette identification serait le contre-pied du progrès séculaire.

D'autre part, nous trouverons que la femme, si
elle est devenue de plus en plus *différente* de
l'homme au cours des âges, est devenue en même
temps de plus en plus son *égale*. J'entends son égale
aux yeux même de l'homme, son égale notamment
devant le droit. Ce double changement a-t-il quelque
chose de contradictoire? Je ne le crois pas, car
différence n'est pas nécessairement inégalité, et qui
dit égal ne dit pas nécessairement identique : nous
devrons nous demander au contraire si nous ne
sommes pas en présence d'un cas où l'égalité n'est
possible que par la différence même et en résulte.

Quoi qu'il en soit, il nous paraîtra difficile de
ne pas accorder ce que beaucoup de femmes ont
bien senti, et ce qui sera une des vérités dominantes de notre sujet, à savoir que les différences
qu'on voit entre la nature de l'homme et celle de
la femme, si elles sont en partie la cause des diffé-

rences qu'on voit dans leur rôle social, en partie aussi en sont l'effet. On est allé jusqu'à dire que les femmes avaient reçu de la nature les mêmes dons que les hommes et que les différences actuelles que nous constatons entre eux ne sont que l'effet des lois. Voilà qui est fort exagéré, car il resterait alors à expliquer pourquoi les lois ont été telles, si elles n'avaient dans la nature même aucun fondement. Mais, à coup sûr, les lois et les coutumes ont accentué les différences originelles, accru l'écart entre les deux sexes; et comme les lois sont en général l'œuvre du sexe fort principalement, il nous faudra bien reconnaître au moins une parcelle de vérité dans ce cri d'une femme défendant les femmes : « Presque tous leurs défauts sont le crime des hommes. » Grimm, au xviiie siècle, disait déjà : « Tous les défauts qu'on peut reprocher aux femmes sont l'ouvrage de la société et d'une éducation mal conçue... »

Sur le second facteur, le facteur physiologique, il y aura un intérêt capital à voir au juste ce qu'il en est, car on a dit quelques sottises à ce sujet, et on s'est livré à des exagérations désobligeantes pour la femme, Michelet, par exemple, en la représentant presque exclusivement comme une malade. Il est bien vrai, cependant, qu'on peut à peine exagérer l'importance et la signification (j'entends mentale même et morale) des différences de cet ordre. *Sex lies deeper than culture*, dit énergiquement Maudsley, « le sexe est plus au fond que toute culture »; d'où la naïveté qu'il y a peut-être à exprimer, comme on l'entend faire si souvent, la crainte (ou l'espérance, elles sont aussi naïves l'une que l'autre) de voir du jour au lendemain la femme changée en homme par l'enseignement. Cette métamorphose, il ne faut pas la vouloir, certes, puisqu'elle serait simplement monstrueuse; mais aussi est-ce un épouvantail puéril dont il n'y aura pas lieu de nous effrayer.

Ainsi en possession des causes déterminantes de la psychologie des femmes, nous pourrons en aborder le détail. Peut-être n'est-il pas aussi impossible qu'on le dit de fixer quelques caractères essentiels, suffisamment généraux et suffisamment certains, qui fassent de cette psychologie comparée des deux sexes autre chose qu'un jeu d'esprit, amusant peut-être, mais stérile.

On a l'air téméraire en abordant ce sujet; on l'est surtout aux yeux des femmes, qui, à force d'entendre dire qu'elles sont impénétrables, croient volontiers l'être en effet, et s'en font une sorte de point d'honneur. C'est une de leurs petites prétentions. Elles ne savent pas combien il y a peu de respect au fond de cet aphorisme mis en circulation par des écrivains, comme cet impertinent Jean-Paul Richter, par exemple, quand il dit : « Les femmes sont comme les maisons espagnoles; il est plus

facile d'y entrer que d'y voir clair ». Individuelle-
ment oui, elles sont peut-être plus impénétrables
que les hommes, et nous en verrons la raison. Mais
en masse et pour les traits généraux, si quelque
chose vraiment les différencie des hommes dans leur
sensibilité, dans leur *intelligence*, dans leur *activité*
volontaire, ce quelque chose, apparemment, n'est
pas plus insaisissable pour un sexe que pour
l'autre, puisque c'est ce qui les distingue par définition. Cette comparaison détaillée des deux sexes,
cette description analytique de la nature féminine
nous occupera assez longtemps, d'abord parce que
le sujet est complexe et d'un vif intérêt par lui-
même, mais surtout parce que les conclusions
auxquelles nous serons conduits prépareront toute la
deuxième partie du cours, et nous dicteront presque
les règles pratiques applicables à l'éducation intellectuelle et morale de la femme.

Avant d'en venir là cependant, une leçon trouvera
sa place qui servira à la fois de conclusion à la première partie et de transition vers la deuxième, —
leçon relative à la condition des femmes, non plus
telle qu'elle a été dans le passé ni même telle
qu'elle est aujourd'hui, mais telle qu'elle peut devenir et qu'il est à souhaiter qu'elle devienne. C'est
là que nous dirons un mot, comment l'éviter? de
cette agitation, non toujours également sérieuse,
mais toujours grave, qui fait aspirer les femmes
à un rôle social qu'elles n'ont pas connu dans le

passé. Leurs revendications sont confuses, très inégalement touchantes, souvent troubles et plus ou
moins suspectes ; mais il me suffit de rappeler que
des philosophes comme J. Stuart Mill et Secrétan
les soutiennent jusque dans leur prétention au suffrage politique, pour donner une idée de l'importance des questions que nous rencontrerons à ce
sujet et de l'impossibilité de les écarter, car il ne
s'agit de rien de moins que de la destinée des
femmes en ce monde et du rôle auquel elles sont
appelées. Comment, si nous n'avions d'abord fixé
nos idées sur ce point, pourrions-nous déterminer
l'éducation qu'il convient ou non de leur donner ?
La fin domine et appelle les moyens.

Dans la deuxième partie nous rencontrerons des
questions si nombreuses que je ne puis les énumérer
toutes ici. Qu'il me suffise d'en signaler quelques-
unes. Les premières qui se présenteront, et les plus
importantes d'ailleurs, ont rapport à l'éducation
proprement dite, à cette éducation du cœur et du
caractère qui commence dans la famille, et se
donne là mieux que partout ailleurs. Car le grand
roblème, déjà si grave pour les garçons, de la
art respective de la famille et des écoles dans
'éducation, se pose avec un intérêt plus grand
encore pour les filles. Ceux qui ne veulent pas de
l'internat pour leurs fils s'en défient pour elles
bien davantage encore et à meilleure raison. Aussi
la loi qui a institué chez nous les lycées de filles

les a-t-elle constitués à titre de simples externats, permettant seulement l'adjonction d'internats annexes, quand les villes en feraient la demande. Mais les demandes se sont multipliées et on y a cédé..., trop souvent aux yeux de certains. Que d'autres points encore à élucider! Quoi que ce soit que doivent apprendre les filles, qui le leur enseignera? Seront-ce des femmes toujours de préférence? On le croirait, au premier abord, et il est certain que, socialement, si une occupation semble convenir aux femmes, c'est celle-là. Et pourtant un doute reste permis, car au jugement de bien des femmes elles-mêmes, dont plusieurs directrices de lycées ou collèges à moi connues, l'enseignement est donné d'une manière plus fructueuse par les professeurs hommes. Dans les universités, en tout cas, il n'y a pas de doute, c'est l'enseignement le plus haut, le plus viril, si l'on peut dire ainsi, que les femmes y vont chercher. Mais que de questions encore impliquées dans celle de l'enseignement supérieur des femmes et de leur accès dans les universités, accès qui leur est encore refusé presque partout, notamment dans toute l'Allemagne! A quelles conditions doit-il être soumis là où on l'accorde? Et surtout quels effets faut-il s'en promettre en fin de compte? Nous serons ainsi ramenés à la question suprême, qui est au fond de toutes les autres : quelle est au juste la destination des femmes dans la société, telle qu'on peut la

rêver, telle qu'elle serait réalisable par l'éducation
parfaite des deux sexes? Si nous conduisons cette
étude jusqu'au bout, il est impossible qu'elle ne
nous mette pas à même d'envisager cette grande
question d'un regard plus net et de conclure avec
une certaine sécurité.

Pour tout cela, quelles seront nos sources, quelle
sera notre méthode? On a prodigieusement écrit
sur les femmes : néanmoins, ou, si vous aimez
mieux, pour cela même, je n'indiquerai pas une
bibliographie du sujet. Non que je n'aie beaucoup
lu sur le sujet et que je ne me propose de mettre
à profit ce que j'ai lu de bon. Mais, d'une manière
générale, il y a beaucoup de fatras dans cette littérature spéciale. On lit tel volume entier sans y
trouver rien de sérieux, rien de méthodique surtout,
à peine quelques traits qui portent, quelques indications suggestives. Les seules sources vraiment
abondantes et vives, ce sont les moralistes, comme
La Bruyère, La Rochefoucauld, Pascal, lorsque
par hasard, trop rarement, ils ont fixé leur attention non plus sur l'homme en général, mais sur
les caractères distinctifs de la femme. Les moralistes qui ont écrit spécialement sur l'éducation des
filles seront pour nous d'un prix particulier, tels
Fénelon, Mme Necker de Saussure, Mme de Rémusat, et tout spécialement, peut-être, quand ce
sont des prêtres, des confesseurs; j'aurai occasion

de rappeler combien de choses ont été vues excellemment par Mgr Dupanloup, par exemple. Quant
à la littérature générale, c'est une mine infinie,
mais souvent suspecte, parce qu'elle peint surtout
les passions en conflit, et vise à l'effet plus qu'à la
froide vérité. La comédie met en scène les femmes,
mais ne craint pas de charger les traits pour faire
rire à leurs dépens. La tragédie fait naître la pitié,
plus clairvoyante souvent que la malice; mais elle
dramatise tout et se plaît aux situations, voire aux
sentiments exceptionnels. Le roman oscille entre
les deux tendances, et n'est pas une source plus
pure quand il est un roman à thèse. Tout cela
pourtant vaut mieux encore que la plupart des
ouvrages spéciaux, où la psychologie positive et
comparée des deux sexes fait place, 99 fois sur 100,
à une comparaison vague et froidement humoris-
tique, à une sorte de concours institué entre eux
pour savoir lequel l'emporte sur l'autre. Dans cette
voie, on a rencontré des choses plaisantes, je ne le
nie pas, mais encore bien plus de pauvretés dénuées de sérieux intérêt. Quand un homme d'esprit comme Émile Deschanel prend la peine de
recueillir en un volume *Tout le bien qu'on a dit
des femmes*, et en un autre volume *Tout le mal*, il
ne se peut pas qu'il n'y ait des perles dans ces
extraits; mais il y a encore plus de scories. Et
même les perles littéraires ne valent pour nous que
si elles ont un éclat de bon aloi, c'est-à-dire font

briller des pensées profondes et fixent des observations authentiques.

Il faut rejeter purement et simplement les assertions théologiques et *a priori*, celles de Bossuet, par exemple, qui, pour remettre la femme à sa place, lui rappelle sévèrement qu'elle n'a pas à le prendre de si haut, elle qui a été tirée d'une simple côte d'Adam, « d'un os surnuméraire » de l'homme. Il semble qu'on ait voulu répondre aux arguments de ce genre en les poussant à l'absurde, dans ce vieux petit livre dont j'ai parlé ailleurs, *Le triomphe des femmes*, où l'on démontre par la Genèse même la supériorité de la femme : car, dit l'auteur, si la création a suivi l'ordre de perfection croissante des créatures, si Adam a été le couronnement de l'œuvre, Ève qui est venue encore après, était, par cela même, plus parfaite. Elle a été tirée d'un os, c'est-à-dire de ce qu'il y a de plus solide, et de quel os? d'une côte, os pris dans la région la plus noble, os protecteur du cœur, etc. — Mais Dieu plus tard s'est fait homme, et non pas femme! — Oui, pour s'humilier davantage. — Ainsi du reste. Ce ne sont là que des balivernes.

A peine faut-il moins se défier des saillies et fantaisies satiriques, des contes et fabliaux dont s'amusaient nos pères, dont il suffit de citer pour exemple cette page du Roman du Renard où l'on voit Adam frapper la mer d'un rameau que Dieu lui a mis en main et en faire sortir tous les ani-

maux utiles, la brebis, le chien, etc., tandis qu'Eve
frappant à son tour fait sortir le loup et toutes les
bêtes malfaisantes. L'homme a toujours aimé à se
moquer des femmes : c'eût été le contraire si elles
avaient écrit et si elles avaient osé. Ou plutôt, dès
qu'elles ont commencé à écrire et à oser, elles ont
fait entendre ou le sarcasme à leur tour, ou, ce
qui ne vaut pas mieux pour nous, la plainte, soit
douce, soit sérieuse, amère, accusatrice.

Mais ce qu'il faut récuser par dessus tout, ce que
j'ai du moins, pour mon compte, trouvé particulièrement vide, ce sont les anathèmes des ascètes,
des saints et des Pères. La femme leur fait peur et
horreur, mauvaise condition pour la connaître et la
peindre équitablement. Injurier n'est pas juger;
encore moins est-ce étudier et décrire. Il y a là un
naïf, j'oserais presque dire un grossier hommage
rendu aux séductions de la femme; et, à ce titre,
ces invectives ne seraient pas pour lui déplaire.
Dire de la femme qu'elle est le diable, ou la lance,
ou la flèche, ou la torche du diable, *fax Satanæ*,
la porte de l'enfer, *diaboli janua*, que la voir est
déjà mal, l'entendre pire, et la toucher horrible,
quam videre malum, audire pejus, tangere pessimum
(Tertullien); aimer mieux, avec saint Cyprien,
entendre le sifflement des basilics que le chant
d'une femme; s'écrier avec l'Ecclésiaste : « J'ai
trouvé la femme plus amère que la mort... Elle est
semblable au filet des chasseurs, son cœur est un

iège, et ses mains sont des entraves »; tout cela
fait plus d'honneur aux charmes féminins qu'à la
force d'âme et aussi à la justice de ces grands
saints. Car, si tout cela est vrai en un sens, si l'on
ne peut exagérer les sottises que la femme fait
faire à l'homme, il n'y a rien là qu'elle ne puisse
en toute raison retourner contre l'homme. On est
en effet à deux de jeu, comme on dit, dans ces
comédies et ces drames de la passion, qui ne sont
dès lors pas plus la condamnation d'un sexe que de
l'autre. Et une seule chose sans doute égale le mal
que nous font les femmes, c'est le mal que nous
leur faisons.

Aussi sera-ce le point essentiel de notre méthode
de laisser là toutes ces invectives, jeux d'esprit ou
récriminations sincères. Dans les livres, dans la
littérature tant générale que spéciale, nous pren-
drons tout au plus des indications, indications de
questions à discuter plutôt que d'opinions à adopter,
matière à réflexion plutôt que formules toutes
faites. La nature même, observée sans parti pris,
regardée face à face, l'histoire aussi, et la science
positive, mais par dessus tout la vie, voilà nos
sources.

C'est bien la femme en général que nous aspi-
rons à connaître; mais qui trop embrasse, mal
étreint. S'il faut choisir et nous restreindre, c'est la
femme non de la légende ou même de l'histoire,
non du théâtre ou du roman, c'est la femme réelle,

de notre pays et de notre temps, qu'il nous importe de bien connaître pour la bien élever. C'est donc elle surtout que nous étudierons. C'est à elle-même, à nos mères, à nos femmes, à nos filles directement observées et interrogées que nous demanderons la vérité toute simple, touchant leurs aptitudes et leurs besoins, pour juger aussi exactement que possible du but qu'il faut se proposer en élevant les jeunes Françaises nos contemporaines, et des moyens de les élever le mieux possible. Quant aux discussions techniques de la deuxième partie, nous aurons à tenir compte sans doute de tout ce qu'on a écrit d'intéressant sur ce sujet; mais nous n'aurons d'autre critère que les principes, et les faits authentiques empruntés autant que possible à notre expérience personnelle.

Par quels principes alors serons-nous guidés et quel sera notre esprit général? Car il est nécessaire de prendre parti du moment qu'on touche aux choses humaines.

J'ai donc, je ne m'en cache pas, un parti pris moral absolu, décidé que je suis à prendre mon sujet au sérieux et profondément pénétré de son importance. Quoi que puissent nous apprendre l'histoire et la physiologie et la psychologie sur les faiblesses et les misères de la femme, rien ne l'empêchera d'être à nos yeux *une personne*, c'est-à-dire un être responsable au même titre que l'homme;

ıyant une destinée à accomplir librement. Je suis
prêt à reconnaître comme aussi grandes qu'on
voudra les différences physiologiques et mentales;
mais différence n'est pas inégalité. Une dissem-
blance de nature est indéniable qui rend nécessaire
la différence des tâches, et fait que l'égalité ne
peut se retrouver que dans la diversité des fonctions. Mais encore faut-il que sous cette dissem-
blance il y ait unité, identité foncière, sans quoi
il n'y aurait ni accord possible, ni union, ni harmonie; ce serait la séparation, le divorce moral.
L'homme et la femme sont des *hommes* au demeurant et forment ensemble l'humanité. Ou cela ne
signifie rien, ou cela signifie que la femme comme
l'homme est une personne au sens plein du mot,
et en a toute la dignité, c'est-à-dire les devoirs
et les droits fondamentaux. Il faut dès lors mettre
au-dessus de toute contestation le droit des femmes
au respect, leur « droit au devoir » selon l'admirable
expression de Mme de Rémusat, avec tout ce que cela
implique, le « droit à la vérité », le droit au développement de leur raison et de leur pleine humanité.

Naturaliste avec passion et grand ami de la
sociologie positive, je veux bien voir dans la division plus ou moins grande du travail entre les
sexes un criterium du progrès; mais moraliste
incorrigible, je tiens pour un critère encore plus
sûr de ce même progrès le degré de respect obtenu
par la femme, la dignité qu'on lui reconnaît, l'éga-

lité morale que lui assurent l'opinion, les mœurs et les lois.

Ce principe touchant la nature de la femme en entraîne d'autres, ou plutôt a des corollaires immédiats touchant la manière dont la femme doit, en tout cas, être élevée.

Il faut élever les femmes pour la vie morale complète, c'est-à-dire pour le devoir et la responsabilité. Or cela seul est gros de conséquences. C'est dire qu'il faut les élever au sens plein du mot, et non pas seulement les dresser à plaire et à obéir; qu'il faut leur inspirer sans doute un esprit de subordination volontaire et de sacrifice, mais non les plier à la soumission par contrainte. Leur faiblesse même, si faiblesse il y a, n'est pas une raison pour les priver de vérité et de culture rationnelle, pour les réduire à des habitudes commodes à l'autre sexe. « Plus elles sont faibles, plus il est important de les fortifier », faut-il dire avec Fénelon. Or il n'y a qu'une chose qui fortifie vraiment pour la vie morale, ce sont les principes, c'est la culture du jugement, l'initiation à un idéal que la raison embrasse librement et que la volonté poursuit à ses risques et périls.

« L'esprit des femmes n'est point en sûreté tant qu'il demeure fermé aux idées générales. Qu'il vienne en effet un temps où le préjugé et l'usage, seuls liens qui les contiennent, soient ébranlés, quel principe de conduite et de foi leur restera-t-il? »

insi parle excellemment Mme de Rémusat; et ces
aroles s'appliquent d'une manière saisissante à
otre temps, où tant de choses sont ébranlées
ans les coutumes et les consciences. Les femmes,
n effet, quoi que l'on veuille dire ou faire, béné-
cient largement aujourd'hui de l'émancipation
niverselle. Elles lisent les journaux, vont au
pectacle, entendent tout, parlent de tout librement,
espirent l'esprit ambiant, c'est-à-dire l'esprit cri-
que, par tous les pores. Qu'on juge on non cette
berté excessive, elle ne peut leur être reprise : il
e reste qu'à les y préparer par l'éducation. Il n'y a
e salut pour elles qu'à devenir, il n'y a de salut
our nous qu'à les rendre tout à fait sérieuses, tout
fait dignes et capables de se conduire. J'ose dire
ue nous n'avons plus le choix, car regrettât-on
ecrètement le passé, il ne peut être question d'y
evenir. Mais je ne suis pas de ceux qui le regret-
ent, et je dirai pourquoi lorsque j'en esquisserai la
einture. Sans rien préjuger touchant le principe
e la subordination *légale* et *politique* de la femme,
'accorde sans hésiter à Stuart Mill que, moralement
u moins, le principe de la subordination d'un
exe à l'autre « doit être remplacé par un principe
e parfaite égalité n'admettant ni privilège d'un
ôté, ni incapacité de l'autre ». Bref, les femmes
oivent être élevées aussi bien que les hommes, ce
ui ne veut pas dire de la même manière. Elles
doivent être élevées avec un soin égal; il y va de

notre bien autant que du leur, il y va du bonheur
et de l'honneur de notre espèce.

C'est une prodigieuse erreur de regarder la civilisation comme étant exclusivement l'œuvre des
hommes. Une loi capitale de la sociologie semble
être que, plus est poussée loin la division du travail
dans une société, plus la solidarité y est étroite.
Même quand elles sont le plus dépendantes et que
nous croyons le plus les gouverner, les femmes
ont une influence profonde sur la société. Sheridan
est bien près de la vérité quand il dit : « *Les femmes
nous gouvernent*, tâchons de les rendre parfaites ;
plus elles auront de lumières, plus nous serons
éclairés ; de leur culture dépend notre sagesse. » —
« *Virgines, futuras virorum matres, Respublica
docet* », telle est la légende de la médaille que le
gouvernement a fait frapper en commémoration de
la fondation de l'Enseignement secondaire des
jeunes filles. C'est bien là le but, en effet, préparer
nos filles à donner des hommes à la France nouvelle. Par quel travers ou quel aveuglement les
hommes ont-ils pu oublier si longtemps ou entendre
si mal leur propre intérêt, au point de négliger
l'éducation de celles qui portent leur nom, dispo-
sent de leur honneur, donnent leur sang à leurs
fils et les élèvent ?

Dans la vie privée, qui ne sait combien il est
impossible à l'homme de séparer sa cause de celle
de sa femme, de garder sauve sa dignité si elle en

nanque, d'être désintéressé et fier si elle est le contraire, de faire tout son devoir si elle ne l'y aide? Que de maris n'ont fait de fautes graves que pour flatter la vanité ou subvenir au luxe de femmes légères ou indignes? Il est vrai que d'autres, au contraire, ne vaudraient pas tout ce qu'ils valent si leur femme ne les avait soutenus moralement. Ils auraient reculé devant le sacrifice si, spontanément et généreusement, elle n'en avait réclamé sa part la première.

Aussi, quelle condition de progrès moral si les femmes, mieux élevées, opéraient dans le sens des saines et fortes vertus cette *sélection sexuelle* si bien décrite par Darwin!

Cela n'est pas moins vrai dans la vie publique. « Les hommes mêmes, dit Fénelon, qui ont toute autorité en public, ne peuvent par leurs délibéra-ions établir aucun bien effectif, si les femmes ne eur aident à l'exécuter. » C'est que, selon la a formule de Condorcet, « les hommes font les ois, mais les femmes font les mœurs. » Voilà comment « les femmes concourent avec l'homme à engendrer les sociétés, dit éloquemment Edg. Quinet (*la République*, p. 198) : elles portent dans eur giron non pas seulement les enfants, mais les ouples ».

A ce titre, on peut en France, aujourd'hui, moins que nulle part et moins que jamais se contenter d'une éducation frivole et purement décorative pour les femmes des classes élevées de la société. Le pays a trop besoin d'elles; si elles ne sont pas très sérieuses, leurs frères, leurs maris, leurs fils ne le seront pas; si elles ne sont pas à la hauteur de leur tâche et ne leur donnent pas l'exemple, ils ne feront pas bien la leur. Et quand ils la feraient par impossible, quand ils auraient le mâle bon sens de se rapprocher du peuple pour le guider et pour l'élever, quel spectacle ce serait, quelle cause de souffrance encore et de faiblesse, s'ils ne le faisaient pas d'accord avec leurs femmes et encouragés par elles, mais au contraire en opérant entre eux et elles une scission, elles restant mues par la frivolité et l'esprit de caste!

Pour faire un bien immense socialement, il n'est pas nécessaire que les femmes aient des vues politiques. Le premier point et l'essentiel, c'est qu'elles soient ce qu'elles doivent être au foyer domestique, qu'elles y fassent régner la paix, l'ordre et la joie, tout ce qui y retient et y ramène, tout ce qui maintient la famille unie, prospère et honorée. Là surtout est leur rôle social, rôle exquis et béni. Mais elles ne le rempliront que mieux, si elles s'y attachent avec une pleine conscience de ce qu'elles doivent et de ce qu'elles peuvent, avec un sentiment profond et éclairé de la chose publique. L'éducation des femmes françaises pourrait être bonne, elle ne serait pas complète, si elle ne les initiait pas aux plus grands devoirs comme aux plus doux, en les habituant à voir la patrie au delà de la famille, la grande société au delà de la petite.

Pour les jeunes gens, nous sommes unanimes aujourd'hui à vouloir en faire très expressément non des muscadins ou des dilettantes, mais des citoyens, avec tout ce que le mot implique dans toutes les situations sociales. Eh bien! rien ne sera fait, ou tout restera précaire, si les filles ne sont pas élevées expressément, elles aussi, pour être épouses et mères de citoyens. L'idée n'est pas de moi, ni de quelque utopiste contemporain : dans le livre de Mme de Rémusat, écrit en 1824, vous trouverez les considérations les plus hautes sur « l'épouse-citoyenne », sur le rôle de la femme « dans une société de citoyens ». Je ne sais rien qui fasse autant d'honneur au noble et ferme esprit de cette femme.

C'est qu'elle avait vu sans doute, et vu de près, ce que nous avons vu depuis, les femmes de son monde être l'âme des oppositions vaines, des résistances aveugles au grand courant de la vie nationale. Et elle savait aussi par expérience quel appui une femme d'intelligence et de cœur peut être pour un homme engagé dans la vie publique, dès qu'elle a la même notion du devoir civique et de la patrie.

Ainsi aux femmes aussi bien qu'aux hommes il faut une éducation de la responsabilité et de la solidarité, favorisant l'union des classes et la paix sociale. Toutes les questions si graves, aujourd'hui

PSYCHOLOGIE DE LA FEMME

posées devant nous, à commencer par celles des
droits de la femme, l'homme ne saurait les trancher seul et de haut. Il faut s'en expliquer avec les
femmes, et les avoir avec soi du côté du bon sens :
autrement ce serait une lutte fort laide et affaiblis-
sante. Que serait une société où toutes les femmes,
déraisonnables et révoltées, ne seraient tenues dans
l'ordre que par la résistance autoritaire de tous les
hommes? Ce n'est pas seulement pour elles, c'est
pour l'ordre et le progrès social qu'il faut élever
toutes les femmes, filles du peuple ou filles de la
bourgeoisie, dans l'amour de la France, dans
l'esprit national, avec le sentiment de leur responsabilité envers le pays, de ce qu'elles pourront et
devront pour lui selon le rang où elles se trouveront placées. A aucun rang, la femme n'a le droit
de n'être qu'un animal de luxe : cela n'est conforme
ni à sa dignité et à son bonheur individuel, ni à
son devoir social qui grandit avec sa sphère d'action
et d'influence.

Voilà pourquoi les hommes soucieux de l'avenir
de la France ont été bien inspirés, quoi que l'on
pense, d'ailleurs, du détail de leur œuvre, en compre-
nant qu'on ne referait pas les mœurs et les caractères sans la participation des femmes; que si leur
frivolité avait été pour quelque chose dans notre
chute, leur éducation régénérée, rendue aussi solide
à sa manière que celle des hommes, vivifiée par
la culture expresse de la réflexion, de la raison et

urtout du sentiment national, pouvait seule achever
t assurer notre relèvement définitif.

C'est ce que j'espère faire sentir de mieux en
mieux chemin faisant. En attendant, je pense que
ersonne ne me blâmera d'aborder dans cet esprit,
avec ce large et profond sentiment de son impor-
ance morale et sociale, cette grande question de
'éducation des femmes. Et si quelqu'un ne voulait
oir dans ces principes que des préjugés comme
l'autres, je répondrais que, puisque la raison elle-
nême ne peut s'en passer, du moins en adoptant
eux qui sont le plus conformes à la vérité morale,
ui nous préparent le mieux à être justes, qui, enfin,
nous donnent la plus haute idée de notre objet et
e plus grand sentiment de notre tâche, nous ris-
quons moins de faire fausse route.

DEUXIÈME LEÇON

De la condition sociale de la femme dans le passé.

Loi générale de l'évolution de la condition féminine : différenciation croissante des deux sexes et tendance à l'égalité des droits. — La condition légale de la femme dans la Grèce antique, — à Rome, — au moyen-âge, — dans la société moderne. — Conclusion de cette revue historique : qualités et défauts héréditaires. — Espérances pour l'avenir.

Deux facteurs, ai-je dit, déterminent essentiellement la nature féminine (j'entends la nature intellectuelle et morale) à être ce que nous la voyons aujourd'hui : le passé historique de la femme jusqu'à nos jours, et sa constitution originelle, organique même et physiologique, avec les traits psychiques qui y sont liés ou en découlent nécessairement.

Nous étudierons le premier aujourd'hui.

Il ne s'agit nullement de retracer, même à très grands traits, l'évolution continue, les progrès suivis de la condition de la femme depuis l'origine jusqu'à nos jours. Je regarderais l'entreprise comme vaine et impossible pour cette seule raison que, plus je vais, moins je crois à un progrès général et continu de quoi que ce soit en ce monde, et surtout dans les choses humaines. Le progrès se fait, selon le mot de Leibnitz, avec beaucoup d'oscillations, *per itus et reditus.* Prenons pour exemple l'Égypte. Nous savons imparfaitement sans doute, mais pourtant nous savons un peu par les auteurs anciens et par les monuments quelle situation y avait la femme au temps des antiques dynasties : il ne peut y avoir qu'une voix sur la supériorité évidente de cette situation et sur l'état moral qui s'en suivait, par rapport à la situation actuelle. Tout le monde sait en effet ce qu'est la femme fellah, cette vraie bête de somme, et aussi ce que l'islamisme fait de la femme. Mais les représentations et inscriptions funéraires de l'Égypte hiéroglyphique nous montrent, au contraire, la femme de toute condition occupée aux seuls travaux de l'intérieur, au tissage, par exemple, compagne des plaisirs de l'homme, prenant place avec lui aux banquets, part avec lui aux offrandes. Jeune, on la voit, parée de bijoux et de fleurs, égayer les fêtes par sa beauté et par ses chants; vieille, on la voit l'objet, comme le père même, de la vénération des enfants; partout à côté de l'homme, sur le pied d'égalité, à ce qu'il semble, admise même à certaines fonctions sacerdotales.

Contraste curieux avec les antiques civilisations
le l'Asie, de l'Assyrie en particulier, où l'on n'a
·elevé jusqu'à présent qu'une seule image de
emme sur un bas-relief d'Assourbanipal.

Nous dirons donc, sans hésiter, qu'en ce qui concerne la femme, l'antique Égypte était à un degré
de civilisation supérieur à celui de l'Égypte contemporaine. Il ne peut donc être question d'un progrès
suivi et général.

Mais qu'il y ait progrès ou non, nous avons à
considérer un moment la condition de la femme
dans le passé, dans les grandes civilisations du
passé, afin d'y chercher la clé du caractère féminin
dans ce qu'il a de plus général aujourd'hui.

Or il semble bien que, plus une société est avancée
en civilisation, plus la division du travail y est
portée loin entre l'homme et la femme. La division
du travail n'est jamais nulle sans doute entre les
sexes; mais elle est au minimum dans les sociétés
sauvages, où, de nos jours encore, la femme partage tous les travaux de l'homme, chasseresse
comme lui quand il est chasseur, guerrière quand
il est guerrier, vouée aux mêmes fatigues et aux
mêmes peines. A tort ou à raison, mais bien plutôt
à raison, selon toutes les analogies, c'est dans
un tel état qu'on se figure toutes les sociétés primitives : les unes seulement en sont sorties plus
ou moins vite, tandis que les autres y sont restées
ou y sont retombées. La promiscuité, la commu-

nauté des femmes qui caractérise cet état d'ex-trême barbarie, est le chaos social originel, et il se pourrait bien que toutes les sociétés eussent passé par là.

Le mariage, même sous ses formes les plus vagues et les plus grossières, la polygamie, la polyandrie, est un commencement d'organisation dans ce chaos. L'ordre s'accentue, la division du travail et, avec elle, la différenciation des sexes font un pas décisif par le mariage proprement dit, le mariage régulier ou monogame, qui tend nette-ment à établir la femme au foyer, à lui attribuer en propre le gouvernement intérieur de la maison, pendant que l'homme se réserve l'action au dehors, la guerre, la chasse, la culture, en un mot les tra-vaux *virils*, de plus en plus distincts des occupations *féminines*.

Mais après le mariage même, la même règle, la même échelle ou mesure des degrés de civilisation peuvent encore s'appliquer. Dans les diverses nations européennes, dans les diverses provinces de chaque nation, chaque fois que nous constatons une diffé-rence sensible de niveau, que voyons-nous? Nous voyons la femme et l'homme très distincts, voués à des occupations très différentes, à des modes de vie en partie opposés, là où nous reconnaissons une culture supérieure; encore voisins l'un de l'autre, au contraire, par le mode de vie, les goûts et les aptitudes, partout où la civilisation nous paraît

ncore rudimentaire. Ainsi, dans les grandes villes
les grandes nations occidentales, où la civilisation
bat son plein, la différenciation des sexes est à son
maximum. Elle est infiniment moindre dans les
campagnes reculées et pauvres, où les travaux sont
presque identiques, les mœurs, les caractères, les
manières, jusqu'à l'aspect physique, infiniment
moins différenciés. Et s'il arrive qu'à l'extrême
limite, qu'au *summum* de la civilisation, dans les
classes privilégiées et oisives dont la vie est
presque toute factice, les différences s'effacent de
nouveau entre les sexes, les femmes partageant
toutes les occupations et tous les sports de l'homme,
les hommes ayant toute la mollesse des femmes,
nous n'hésitons guère à regarder d'instinct cet état
de choses, non pas du tout comme un nouveau progrès, mais comme un recul, un signe de décadence
ou menaçante ou consommée, un commencement
de dissolution sociale.

Mais la différenciation ne nous apparaît comme
un progrès qu'à une condition, c'est qu'il y ait
égalité dans la diversité, c'est qu'un des sexes ne
soit pas asservi à l'autre, mais qu'ils concourent
d'un commun accord, chacun à sa manière, à
l'œuvre commune, la prospérité sociale et l'éducation des enfants. C'est ce qui arriverait naturellement, ou du moins ce qui tendrait à se produire par
la force des choses, selon certains sociologistes, lesquels posent en loi complémentaire de la première

que, partout où le travail est très divisé, la solidarité *ipso facto* est très étroite, soit qu'on le com-
prenne ou non tout d'abord. En effet, cela s'entend :
dans une société où tous les membres sont également capables des mêmes choses et incapables
des mêmes, ce que l'un ne fait pas, l'autre le fait;
tandis que dans une société où les occupations sont
très spécialisées, chacun fait bien ce qu'il fait, mais
s'il ne le fait plus, ce n'est plus fait du tout. C'est
la fable des Membres et de l'Estomac : maximum
d'organisation, maximum de solidarité. Je ne suis
nullement sûr que ce soit là pour l'organisme
social une nécessité aussi étroite que pour l'organisme animal. Quand il s'agit de ce dernier, l'unité
est assurée par la perfection du mécanisme lui-
même, par des nerfs, des canaux, des tendons.
Mais pour l'organisme social, composé d'éléments
discrets qui sont des individus relativement indé-
pendants, et mieux que cela, des personnes, l'union
sociale ne peut être parfaite, ne peut être réelle au
fond, qu'à mesure qu'elle est l'œuvre des volontés
libres. Ou, du moins, elle est possible sans cela plus
ou moins; la contrainte peut la réaliser tant bien
que mal, la force de la coutume adoucissant les
souffrances qui en résultent; mais l'unité ne vaut,
au demeurant, et n'est digne des sociétés humaines,
qu'autant qu'elle est réellement dans les cœurs et
dans les volontés, qu'elle est vraiment et proprement morale.

Or il s'en faut que l'égalité vraie, l'égalité morale ait partout marché de pair avec la division du travail et soit actuellement, dans aucune société humaine, tout ce qu'elle devrait être. La femme, avouons-le franchement, n'est pas encore généralement, n'a peut-être jamais été traitée par l'homme comme une « fin en soi ». Sa destinée jusqu'ici a été et est encore, dans l'immense majorité des cas, d'être plutôt traitée comme un simple moyen. De là, encore, n'en doutons pas, une partie des différences psychiques qu'on remarque entre elle et l'homme. A celles qu'engendre la seule division du travail s'ajoutent celles qui résultent des inégalités sociales. Un rapide coup d'œil nous permettra de nous en assurer.

Il faut distinguer soigneusement deux choses, les mœurs et les lois. Les mœurs, c'est-à-dire les coutumes et les usages, devancent le plus souvent les lois et les corrigent dans une large mesure. La femme a pour elle la beauté, du moins ce que l'homme appelle de ce nom; elle lui inspire l'amour, qui est le plus doux sentiment dont il soit capable, et peut-être la source de tous ses autres bons sentiments; il est donc invité par la nature même à la traiter avec des égards et quelque bonté, dès qu'il n'est plus une brute. C'est ce qui a eu lieu de tout temps, peut-être déjà accidentellement dans les sociétés les plus infimes, comme la horde sauvage, à plus forte raison et de plus en plus dans les sociétés régulières, du jour surtout où a existé la famille monogame.

Mais les mœurs des civilisations disparues ne nous sont qu'indirectement et imparfaitement connues, par la littérature principalement. Elles varient d'une époque à l'autre, d'une famille à l'autre. Le seul élément d'une fixité suffisante, absolument sûr d'autre part et saisissable, ce sont les lois. C'est par elles essentiellement qu'il faut juger de la condition sociale des femmes dans les divers temps et chez les divers peuples, si l'on veut en parler avec quelque exactitude. Et cela nous dispensera de nous perdre dans une érudition douteuse touchant les civilisations primitives.

Je ne dirai rien de l'Inde antique, sinon qu'elle fut plus que probablement, à ce point de vue comme aux autres, le berceau des civilisations grecque et romaine. On trouve en effet dans les lois de Manou la formule même qui domine toute la condition légale de la femme dans l'antiquité classique : « La femme pendant son enfance dépend de son père; pendant sa jeunesse, de son mari; son mari mort, de ses fils; si elle n'a pas de fils, des proches parents de son mari; car une femme ne doit jamais se gouverner à sa guise. »

Telle est, en effet, la situation de la femme en Grèce, dans toute la période classique. Son état est une perpétuelle minorité. Elle ne s'appartient jamais, elle a toujours au-dessus d'elle un « maître », à savoir son père si elle est fille, son mari quand elle est mariée, son fils ou ses parents quand elle est veuve. Le mariage n'a qu'un but, assurer la perpétuité de la famille ; il ne crée un lien moral, une réelle communauté entre la femme et le mari que dans la mesure où celui-ci le veut bien : cela est laissé à son bon plaisir.

La femme pourra, en fait, être honorée, aimée, traitée avec égards et douceur, si elle a affaire à un homme bon et délicat ; elle pourra même, si elle est acariâtre et lui trop faible, être la maîtresse au logis : affaire de tempérament, question de mœurs. Nous acceptons comme vraies les aimables scènes de famille représentées par certains vases peints, ou encore le joli tableau que Xénophon dans ses Économiques nous fait de la vie paisible de la femme au foyer. Mais de garantie légale peu ou point. Cette ménagère n'est légalement que la mère des enfants, et, à cela près, une intendante, une gouvernante de confiance à peine moins asservie que ses esclaves mêmes. Elle ne s'est point mariée : on l'a mariée sans consulter ses goûts. Si elle n'a point d'enfants, si elle cesse de plaire, son mari l'écarte par le divorce, toujours facile pour lui, tandis qu'elle ne l'obtient qu'avec une peine extrême, supposé qu'elle ose le demander même pour les raisons les plus criantes. Le mari peut,

par testament, dès son vivant même céder sa
femme à un tiers, et elle est forcée de se donner
quand il la donne. Mais elle ne peut ni vendre,
ni acheter pour son propre compte au delà de la
valeur de 50 litres d'orge. Elle ne peut accomplir
aucun acte juridique.

En vain Thémistocle dira-t-il, après cela : « Mon
fils est le plus puissant des Grecs, car je commande
aux Grecs, sa mère me commande, et lui commande à sa mère. » La femme n'a d'autorité que
celle que l'homme veut bien lui laisser ; or il est
arrivé qu'il en accordait parfois bien moins à
l'épouse, enfermée dans le gynécée, ignorante de
tout, presque aussi inculte et bornée que ses ser-
vantes, qu'à l'hétaïre ou courtisane, à qui ses
mœurs libres, la variété de ses entretiens, une culture superficielle mais souvent brillante donnaient
toute la grâce et toute la séduction de son sexe.
Voilà qui juge une société. Esclave ou courtisane,
disons, pour ne pas paraître déclamer, première
servante ou courtisane : telle était pour les femmes
l'alternative, corrigée plus ou moins par les
mœurs, selon les époques et les cas particuliers.

Mais le correctif ne pouvait aller loin, quand la
femme, au fond, était regardée par tous, par les philosophes les premiers, comme un être incomplet,
incapable d'avoir une vertu propre qui ne fût de
l'ordre de la soumission. C'est l'opinion bien nette
d'Aristote (Politique, liv. I, ch. ı, § 5 ; ch. v, §§ 6,

7, 8.) « La sagesse de l'homme n'est pas celle de la femme... La nature a déterminé la condition spéciale de la femme et de l'esclave. » Si Platon rapproche les sexes, c'est pour les immoler l'un et l'autre à l'État; et on ne peut pas dire sérieusement qu'il relève (en pensée) la condition de la femme, quand il ne lui laisse ni le mariage même ni ses enfants.

De quelque côté donc qu'on envisage la question, on trouve qu'il y avait en Grèce (à Athènes surtout, car il était peut-être moindre à Sparte) comme un abîme entre les deux sexes, et on ne comprend que trop bien que la naissance du garçon seul fût dans les familles saluée avec joie, signalée au voisinage par une couronne d'olivier suspendue au dessus de la porte (P. Girard).

A Rome, une parole résume tout, qui est mise par Tite Live dans la bouche de Caton (xxxiv, 7) : *Nunquam exuitur servitus muliebris*. Comme en Grèce en effet, plus qu'en Grèce peut-être, la femme est en perpétuelle tutelle et sujétion, *in manu*, dans la main, sous l'autorité absolue du père, du mari, du fils, enfin d'un agnat. Ce n'est pas l'orgueil et la dureté naturels au caractère romain qui étaient pour adoucir beaucoup par la tendresse filiale ou conjugale cette dureté de la loi. Si la femme était honorée, la *matrone* romaine, c'était uniquement comme mère du fils et gardienne des lieux lares. Le mariage n'était qu'un moyen de perpétuer la famille et le culte des ancêtres. Le mari avait le droit de vie et de mort sur la femme, il pouvait refuser de reconnaître son enfant; il se faisait justice à lui-même sans plus de formes s'il la soupçonnait coupable.

L'esclave, d'ailleurs, s'émancipe quand le maître se relâche : et c'est ce qui arriva souvent; c'est pourquoi à de certaines époques, le luxe, l'insolence, le désordre des femmes furent l'objet de la préoccupation des hommes publics et des lois répressives. Mais rien ne témoigne plus éloquemment que ces désordres mêmes dans lesquels les femmes tombent dès qu'elles ne sont plus tenues en bride, combien elles étaient peu formées à la responsabilité. Nous pouvons croire sans peine qu'un pauvre état mental résultait, sinon de la nature même de la femme, du moins de cette deuxième nature, la coutume. N'eût-ce pas été miracle qu'elle ne montrât que des vertus, quand elle s'émancipait par ses vices? Le dévergondage impuni n'est ni le respect ni l'indépendance morale, c'en est même à peu près le contraire. Ce que la femme n'obtient pas de la loi, ce qu'elle aura le plus de peine à obtenir, c'est l'égalité dans le droit, c'est la dignité morale, c'est le respect.

Or on sait de quel poids le droit romain n'a cessé de peser sur la civilisation occidentale, la nôtre surtout. Il a été, conjointement avec les vieilles coutumes gauloises et germaniques d'une part, avec le christianisme de l'autre, le grand facteur de notre droit. La « puissance maritale » est évidemment un reste de la *manus* antique.

On ne peut nier que le christianisme n'ait contribué, au moins indirectement, à relever la condition de la femme et à l'adoucir. Non qu'il n'ait hésité lui-même quelquefois sur le degré d'estime à faire de la nature féminine; il était trop lié par ses origines au judaïsme et à Rome même, à Rome dont nous venons de voir la sévérité pour les femmes, au judaïsme qui les tint toujours pour inférieures, comme tout l'Orient. On sait que le concile de Mâcon, au v⁰ siècle, agita la question de savoir si la femme a une âme et ne la résolut par l'affirmative qu'en faveur de la mère de Dieu. Comme source de tentation et cause de péché, la femme est fort maltraitée souvent par les Pères. Le mariage, qui est sa vie même (socialement), bien qu'érigé en sacrement, est regardé comme un état inférieur; la maternité, son triomphe, est mise au-dessous du célibat : tout cela ne lui est pas très favorable. Cependant l'orgueil de l'homme est presque aussi rabaissé que le sien, tous deux portent la marque du péché originel, peuvent être sauvés uniquement, mais également, par la pénitence. Le mariage n'est pas plus recommandé à l'un qu'à l'autre, une fois contracté il est indissoluble, et la fidélité dans le mariage est également prescrite à tous les deux. Ils sont égaux en somme devant le devoir et les conditions du salut.

La condition de la femme était fort dure chez les Gaulois, où le mari avait sur elle droit de vie et de mort et droit de répudiation. Il y avait eu long-temps des vestiges de la polygamie asiatique et aussi, dit-on, chez les Celtes, des vestiges d'un usage pire, celui de jeter la femme au bûcher avec le cadavre du mari. Cependant tout cela s'était fort adouci au temps de César. La femme apportait une dot fournie par sa famille, et le mari y ajoutait une somme équivalente, condition au moins appa-rente d'égalité.

Chez les Germains de même : s'il paraît y avoir eu un temps où l'homme achetait la femme, au temps de Tacite il n'y a plus d'achat; il n'y en a qu'un souvenir et un symbole : des dons, en échange desquels elle donne quelque chose elle-même comme pour rétablir symboliquement l'égalité. Nos cadeaux de noce sont peut-être une survivance de ces vieux usages; car encore maintenant la femme répond aux cadeaux de son fiancé par un cadeau, si léger soit-il. En somme la femme germaine ou franque n'était pas la chose de son mari; elle était plutôt son associée, car elle avait ses biens à elle, et elle héritait même de lui; son associée, au besoin, dans les rudes travaux de la guerre, du

moins à l'origine; et l'on prétend même qu'une
légende attribuait à leur présence le don de porter
bonheur dans les combats.

De ces divers facteurs réunis, puis des circonstances se forma notre civilisation du moyen âge.
Ce que je viens de dire de la femme germaine nous
explique peut-être la galanterie chevaleresque, les
prérogatives de la dame dans les tournois, par
exemple, le culte de ses chevaliers servants. Mais ce
côté brillant de la féodalité ne doit pas nous aveu-
gler sur la vraie condition, sur la condition légale
de la femme. Le régime féodal étant fondé essentiellement sur la possibilité de fournir le service
militaire, elle fut d'abord naturellement exclue de
la possession des fiefs : elle n'y eut accès que
lorsque les fiefs devinrent héréditaires et patrimo-
niaux. Mais de pair avec le droit d'aînesse allait le
droit de masculinité, et, dans l'immense majorité
des cas, le droit coutumier obligea tout au plus
l'héritier mâle à indemniser ses sœurs en les éta-
blissant. Et les filles une fois mariées étaient cen-
sées avoir reçu avec la dot (quand dot il y avait)
leur part de l'héritage paternel. L'usage vint même
d'inscrire dans le contrat de mariage la renonciation
à la succession patrimoniale, « n'eussent-elles reçu
en dot qu'un *chapel de roses* ».

Quand le fief venait aux mains d'une fille, tant
qu'elle était mineure, le suzerain exerçait de droit

la tutelle féodale, ou garde-noble, ou bien il la cédait à un chevalier (avec ce qu'elle impliquait, c'est-à-dire la puissance du fief et des biens de la dite dame). Devenue majeure, elle ne pouvait se marier sans le consentement de son suzerain, lequel pouvait, au contraire, l'obliger au mariage dès sa majorité, c'est-à-dire dès l'âge de douze ans. De même la veuve devait se laisser remarier sans mot dire — ceci jusqu'à soixante ans — sous peine de renoncer au fief. Point de communauté dans le mariage même. Le seul droit de la femme était le douaire, souvenir peut-être de la dot germanique et du *morgengab*.

Nous le voyons, la condition de la grande dame elle-même n'était pas très enviable, même quand le mari n'était pas brutal et ne prenait pas contre elle, pendant ses absences, par exemple, de grossières et injurieuses précautions. Avouons toutefois que les mœurs s'adoucirent et qu'il y eut de beaux jours pour les grandes dames. Mais combien étaient-elles à présider les tournois, les cours d'amour, à faire diversion à la lourde solitude des châteaux forts en écoutant les trouvères et les troubadours? Et les autres? Et les serves, *vulgum pecus!* bêtes de somme étant les maris, les femmes ne pouvaient guère tomber plus bas, si ce n'est quand elles étaient elles-mêmes les bêtes de somme de ces bêtes de somme. Le droit de *formariage* empêchait les serves de se marier avec une personne d'une autre

condition ou en dehors du territoire du seigneur...
Je ne dis rien des autres droits qui faisaient sentir
durement au vilain et à la femme et à la fille du
vilain de quel prix ils payaient la protection du
seigneur.

Quant aux classes intermédiaires, à la bourgeoisie des villes et des communes, le droit qui
la régissait (droit écrit plutôt que coutumier) était
en partie calqué sur le droit romain. L'incapacité
de la femme est la règle générale, l'incapacité de
la femme mariée, en particulier ; la puissance maritale est ce qu'elle restera, ou peu s'en faut, jusqu'à
la Révolution française. Mais les mœurs, dans cette
longue période, firent plus de progrès que les lois,
il faut toujours le redire. La Réforme releva la
dignité des femmes et fortifia leur caractère en les
mettant à rude épreuve. Les femmes profitèrent
aussi naturellement du progrès des lumières, et
par les salons, la conversation, le monde enfin,
rendirent largement aux hommes en élégance et
affinement d'esprit ce qu'elles en reçurent d'égards
et de soins.

Seulement, il ne faut jamais oublier de distinguer les différentes classes sociales. Conformément
à la loi posée plus haut, la division du travail
social, la différenciation des sexes, par conséquent,
est toujours plus marquée dans les classes les plus
hautes. C'est peut-être dans les autres, en revanche,
qu'on a été le moins loin de l'égalité sérieuse, du

véritable respect. Il faut se garder, en effet, de
confondre la galanterie avec le respect. Agrippa
d'Aubigné compare irrévérencieusement certaines
grandes dames de son temps à « ces temples égyp-
tiens, splendides au dehors, et à l'intérieur desquels
il y a un singe, un chat, un bouc ou une cigogne ».

Bien des hommes ont pensé de même, au fond,
des belles dames à qui ils débitaient des madrigaux.
Tant que les hommes se contentent de parer les
femmes et de les flatter, cela est plus agréable sans
doute pour elles que d'être maltraitées et asservies ;
mais en réalité et philosophiquement leur condition ne s'est pas élevée autant qu'elle en a l'air.
La grande dame de la cour de Louis XIV, qui est
mariée sans amour, de gré ou de force, qui est
esclave de l'étiquette, même quand elle en a la
nausée, qui a le malheur de se trouver honorée des
faveurs du roi payées au prix que vous savez, ne
me paraît pas si supérieure qu'elle peut se figurer
l'être à la femme grecque ou romaine.

C'est la Révolution qui proclame l'égalité civile
des deux sexes (avril 1791), avant tout, et c'est
la clé du reste, l'égalité en matière successorale.
Pour qu'elle fût irrévocable, le code civil (art. 791
et 1389) prohiba toute renonciation aux succes-
sions futures. On ne reverra pas chez nous le
droit d'aînesse et le droit de masculinité qui ont
subsisté plus ou moins dans divers pays de l'Eu-

ropo. Dès lors la femme a de sérieuses garanties d'indépendance et de dignité. Si elle reste fille, elle dispose librement de son bien; si elle veut se marier, elle abdique, il est vrai, en partie, au profit de la puissance maritale; mais d'abord, son consentement est nécessaire, et si l'on peut encore peser moralement sur sa volonté, on ne peut plus la marier malgré elle, et les mœurs de plus en plus proscrivent et empêchent, comme la loi elle-même, toute contrainte de ce genre. Et puis, sa dot lui confère une sorte d'égalité dans le mariage, ou parfois même une sorte de laide supériorité, dont elle peut abuser. Enfin, il n'est que juste de dire que la puissance maritale a presque changé de nature : à l'origine elle avait pour objet d'annuler la femme comme radicalement incapable; aujourd'hui elle a pour but bien plutôt de la protéger, et avec elle les enfants et la famille, contre les faiblesses et les surprises auxquelles son inexpérience des affaires l'expose.

Il n'en reste pas moins que le mariage, chose paradoxale, semble faire déchoir la femme civilement. Non mariée, elle peut faire le commerce, tenir une maison de banque, plaider sa propre cause, agir devant les tribunaux comme mandataire et s'engager pour autrui; elle a même cet avantage sur le garçon de pouvoir se marier à quinze ans révolus, et de pouvoir à partir de vingt et un se passer du consentement de ses parents mêmes.

Mais mariée, elle ne peut plus rien sans l'autorisation de son mari, pas même accepter une donation;
et de cette terrible puissance maritale rien ne peut la
dégager, apportât-elle en dot un empire; elle n'a
pas le droit de mettre comme condition à son mariage que le mari y renoncera; c'est contraire à
l'ordre public.

De ces incapacités, je ne me scandalise pas autant que certaines femmes, parce qu'elles tiennent
en partie à la constitution même de la famille,
cette cellule de l'organisme social. Mais je constate
le fait; et il faut bien avouer, d'ailleurs, que si le
mal est nul ou du moins très tolérable dans le cas
des bons ménages, il est abominable vraiment,
quand une femme excellente, ou d'une valeur seulement moyenne, est rivée par hasard à un misérable... Cela soulève le cœur de penser qu'alors
elle est sa chose, qu'il peut la forcer au travail et
manger ou boire ce qu'elle gagne, qu'il peut désho-
norer son foyer, et l'y faire ramener par les gen-
darmes si le dégoût ou la terreur l'en chasse. Je ne
suis pas compétent sur le côté technique de ces
questions, mais je ne serais pas étonné qu'il y eût
bien des améliorations possibles, comme il y en a
de rêvables assurément, pour tout ce qui concerne
la protection des femmes mal mariées, des filles
mineures, de l'honneur des filles pauvres, etc. Personne ne pense sérieusement, j'imagine, que notre
civilisation ait dit à cet égard le dernier mot.

Mais je reprendrai les choses au point où je les laisse, quand j'examinerai les revendications des femmes en traitant de leur condition future et de leur destination sociale. Pour le moment nous avons à essayer de dégager de cette rapide revue historique ce qu'elle jette de lumière sur le caractère féminin tel qu'il est aujourd'hui.

Il n'est pas douteux que la façon dont la femme a été traitée durant des siècles a dû influer prodigieusement sur ses dispositions intellectuelles et morales. Même indépendamment de ce qu'elle était par le fait de la primitive nature, nous pouvons comprendre ce qu'elle est devenue à la longue et héréditairement.

Car si l'hérédité n'est pas seule en cause, puisque la fille n'hérite pas de sa mère seulement, elle a fixé cependant bien des caractères acquis. La sélection et l'éducation ont fait le reste : l'éducation, en élevant la fille comme on veut qu'elle soit, en développant les qualités regardées comme essentielles à son sexe à l'exclusion des dispositions inverses; la sélection, en faisant primer toujours aux yeux des hommes les qualités regardées par eux comme appréciables entre toutes chez la femme qu'on épouse.

Quelles seront, d'après ce qui précède, ces qualités, — qualités ou défauts, selon le degré? Ce seront sans doute, pour le physique d'abord, une

certaine faiblesse musculaire et un moindre développement du corps résultant de la vie plus sédentaire; au moral, le goût de la vie intérieure et des
occupations du ménage; la timidité et un moindre
courage (au gros sens du mot), une volonté moins
entreprenante qu'endurante; le goût des détails et
des petites choses; le désir de plaire à l'homme,
puisque tout dépend de lui; l'obéissance et la docilité à l'égard du maître qui a la force, ce qui
n'exclut pas la roideur dans le commandement, si
elle peut se dédommager sur des esclaves ou des
inférieurs; une grande pénétration à deviner la
pensée et la volonté du maître, ne fût-ce que pour
la devancer; une grande habileté à le tromper, s'il
est trop dur, à lui cacher du moins ses propres
sentiments si elle y a un pressant intérêt... Voilà
quelques-uns des traits que nous ne serons pas surpris de rencontrer dans le caractère de la femme,
— s'ils ont été, pour ainsi dire, ses armes dans la
lutte pour la vie, s'ils ont assuré sa défense sociale.

Intellectuellement, comment nous attendre à
trouver chez la femme, enfermée dans le gynécée,
l'atrium ou le château féodal, le même développement mental, les mêmes facultés aussi fortes que
chez l'homme toujours aux prises avec les grandes
affaires privées ou publiques? Toujours prise, elle,
entre le dédain et l'adulation, presque aussi mauvais conseillers l'un que l'autre, ou elle a vécu
dans une ignorance héréditaire, ou elle a développé

surtout les dons brillants et superficiels de son
esprit, les facultés d'assimilation et d'adaptation
(comme la mémoire), bien plus que les facultés
de raisonnement et de combinaison à longue portée. Les hommes n'ont jamais aimé les femmes
savantes, ni les femmes à l'esprit trop ferme;
aujourd'hui encore la majorité, je le crains, les
condamnerait volontiers à l'ignorance sous peine
du ridicule.

Mais surtout comment la femme ne serait-elle
pas plus que l'homme moutonnière, incapable
d'autonomie vraie, de personnalité intellectuelle
et morale, quand elle a porté durant des siècles le
poids de l'opinion, d'une opinion inexorable pour
elle, d'une opinion inique, disons-le bien haut, qui
permet à l'homme presque tout contre elle, et à
elle ne pardonne pas une faiblesse, qui applaudit
au séducteur et n'insulte que sa victime! Doit-on
s'étonner, demanderai-je, de la voir se porter si
facilement aux extrêmes du mal, aussitôt franchie
la borne du respect humain, quand c'est la grande
règle de conduite, sinon la seule qu'on lui a ensei-
gnée, demandant toujours tout à sa docilité et à
son respect du qu'en-dira-t-on, rien ou à peu près
à sa raison personnelle.

Bornons-nous à ces indications pour le moment.
Nous voici prêts, si je ne me trompe, à ne laisser
échapper aucune des faiblesses de la femme, sans
pourtant les lui reprocher outre mesure. Nous

pourrons être des observateurs avertis sans être
des juges iniques. Loin de là. Cette revue historique me laisse, quant à moi, plein pour la femme
de ce respect qui lui a tant manqué au cours des
siècles. Il faut qu'elle y eût bien droit pour l'avoir
inspiré toujours plus ou moins dans la condition
où on la tenait et jusque dans ses écarts pour en
sortir. Si c'était notre sexe qui eût été mis à
pareille épreuve, qui osera dire qu'il s'en fût mieux
tiré? Quand on réfléchit à tout cela de bonne foi,
dit Grimm, « loin de dire du mal des femmes, on
est tenté de croire qu'elles sont généralement beaucoup mieux nées que les hommes ».

Au moins doit-on reconnaître qu'il y a en elles
un ressort singulier, et on est tenté de croire
qu'avec l'amélioration de leur condition légale
elles développeront des qualités jusque là étouffées
dans leur germe, pour le plus grand bien de la
communauté. Il serait bien peu raisonnable, en
tout cas, de chercher notre idéal dans le passé, et
de penser que c'est dans le temps où la justice et
les soins leur ont manqué qu'elles ont donné toute
leur mesure.

TROISIÈME LEÇON

Les données physiologiques.

Caractères anatomiques distinctifs de la femme : taille, poids, squelette, muscles, viscères, cerveau. — Caractères physiologiques : fonctions du sexe et maternité. — Conséquences pour l'intelligence, pour l'activité, pour les sentiments. — Raison biologique de la subordination sociale de la femme. — Appréciation de ce fait et réserves.

Nous avons décrit à grands traits la condition légale de la femme dans le passé et marqué le pli qu'elle a donné à ses dispositions psychiques, non pas d'une façon irrévocable, car ce que le temps a fait, le temps peut le défaire, mais d'une façon profonde et dont on ne peut pas ne pas tenir compte.

Mais cette condition elle-même n'a pas été un fait sans cause; dès l'origine et depuis elle a dépendu de la nature même de la femme, de sa constitution physique, de sa fonction essentielle, de sa destination nécessaire. J'ai rappelé le mot de Maudsley :

4

Sex lies deeper than culture. C'est ce facteur primitif que nous avons à étudier maintenant.

D'une manière générale, c'est son sexe même,
avec tout ce qui s'ensuit nécessairement, qui subor-
donne la femme, par la situation, je ne dirai pas
inférieure, puisqu'il n'y a pas là d'infériorité morale
et qu'il peut même à certains égards y avoir supériorité, mais par la situation désavantageuse et
dépendante où il la place.

La question n'est pas d'ailleurs de savoir s'il en
est ainsi dans les autres espèces animales. Les
femmes d'esprit, comme Miss Lydia Becker, par
exemple, qui ont entrepris en Angleterre la curieuse
et vaillante campagne que l'on sait pour le relèvement de la condition des femmes, ont dépensé
beaucoup de talent en pure perte à prouver, à force
de statistiques spéciales, l'égalité, voire la supériorité de la femelle dans les espèces canine et che-
valine, les annales des courses offrant au moins
autant de noms de juments que de noms de chevaux
parmi les vainqueurs des grands prix, et les annales
cynégétiques témoignant non moins haut en faveur
du nez, du jarret et de l'intelligence des chiennes.
Ce n'est pas de cela qu'il s'agit. Surtout les animaux domestiques, artificiellement dressés, seraient
en tout cas hors de cause. A l'état sauvage, l'infériorité des femelles n'est pas toujours évidente,
mais elle l'est souvent; et leur supériorité même ne
prouverait rien pour la femme, qui est autrement

éprouvée par la maternité, par l'allaitement, qui doit des soins autrement longs et délicats à l'enfant, lequel naît sans comparaison le plus débile et le plus impuissant de tous les petits des animaux.

Sur le détail des différences anatomiques secondaires entre l'homme et la femme, sur l'importance de ces différences surtout, les anthropologistes ne sont pas tous d'accord. La plupart des infériorités qui sont indéniables n'ont pas de signification réelle; beaucoup de celles qui en auraient une sont contestées. MM. Manouvrier et H. de Varigny, qui ont repris le plus récemment la question, semblent accorder plus à la femme que ne faisaient Broca et Topinard. Cependant tous sont unanimes à déclarer la femme moins bien organisée, à tout prendre, moins résistante, moins vigoureuse que l'homme. Cela se traduit, dit le docteur de Varigny, dans tous les appareils, dans tous les tissus, dans toutes les fonctions. Ne relevons que les traits les plus intéressants.

La *taille* de la femme est moindre dans toutes les races, et cela dès le berceau : le nouveau-né mâle est plus grand déjà. Chez l'adulte, la stature masculine l'emporte d'environ 10 centimètres en moyenne.

Pour le *poids*, différence analogue et également dès le berceau; l'homme adulte pèse en moyenne 5 kilos de plus que la femme. C'est surtout le *squelette* qu'elle a plus léger, absolument et par rapport au poids de son corps. Non seulement les os sont moins volumineux et moins forts (d'après leur composition chimique même, paraît-il), mais les saillies où viennent s'attacher les muscles sont moins développées; le fémur, plus oblique, en raison de la forme du bassin, produit une conformation nettement désavantageuse au point de vue de la locomotion. Joignez à cela une *musculature* moindre d'un tiers que celle de l'homme en volume à la fois et en vigueur; il en résulte nettement une puissance beaucoup moindre, des mouvements moins amples et moins forts, moins précis en même temps et moins rapides. Un seul tissu l'emporte chez la femme : *le tissu adipeux*, auquel elle doit la rondeur et la grâce de ses formes, ce caractère visible de la féminité. On se figurerait à tort que la forme de son *pied*, si souvent louée chez les femmes d'une civilisation raffinée, est naturellement plus élégante; c'est le contraire : la femme a le pied, en moyenne, plus plat, moins cambré, plus pareil à celui des races inférieures.

Si nous passons aux *viscères*, nous trouvons le cœur de la femme plus petit et plus léger que celui de l'homme (240 grammes au lieu de 300, en moyenne), « ce qui suffirait à prouver, veut bien ajouter M. de Varigny, que le volume de cet organe n'a rien à faire avec les capacités affectives ». En revanche, le *pouls* est plus fréquent, de 10, 12, 14 pulsations par minute (et il en est de même chez tous les animaux supérieurs, « lion 60, lionne 68; taureau 46, génisse 66; bélier 63, brebis 80 »). Le *sang*, moins abondant nécessairement, diffère en qualité aussi, il contient sensiblement moins de sels (même de sel marin, « le coq est plus salé que la poule »); moins d'hémoglobine, une moindre proportion de globules rouges, et au contraire une proportion plus grande de globules blancs.

Pour *l'appareil respiratoire*, moindre capacité thoracique et pulmonaire (1/2 litre de différence); respiration plus fréquente, mais non pas plus active chimiquement, car l'absorption d'oxygène et le dégagement d'acide carbonique sont moindres (l'homme brûle 11 gr. 2 de carbone par heure et la femme brûle 6 gr. 4). Aussi *la température* de la femme est-elle moindre; elle produit moins de chaleur, peut-être parce qu'elle en perd moins « en raison de son enveloppe de graisse ». *L'appareil digestif* est moins exigeant pour la quantité des aliments, quoique la faim soit plus fréquente.

Et la *tête* et le *cerveau?* Sans parler des différences de formes, sensibles, paraît-il, au regard des spécialistes, le *crâne* de la femme, à tous les âges, est plus petit que celui de l'homme, et cela d'autant plus que l'on considère des populations plus civilisées. Le crâne de l'homme, en effet, croît avec la civilisation; celui de la femme, à peine. « C'est à peine si elle a le crâne chez nous aujourd'hui plus

volumineux que ses sœurs préhistoriques » (G. Le
Bon). Le rapport est en moyenne comme 85 est
à 100. — Mais qui dit moindre volume du crâne
dit, d'ordinaire au moins, moindre capacité. En
effet, le cerveau de la femme est, en moyenne,
moins volumineux, et moins pesant ; le poids est
de 1100 à 1300 grammes chez elle, 1200 à 1400
chez l'homme. Ce ne serait rien encore, si le poids
relatif était égal, j'entends le poids par rapport à
celui du corps tout entier. Le Dr Manouvrier n'est
pas éloigné de dire qu'il en est ainsi, en effet, et
insiste sur le fait que ce poids relatif importe seul ;
il fait remarquer que la mésange est plus intelligente que l'autruche, quoiqu'elle ait moins de cer-
velle absolument, parce qu'elle en a 29 fois plus
par rapport au poids total du corps. Mais le D^r de
Varigny ne l'accorde pas. Selon lui cette proportion
tion même est encore défavorable à la femme : le
poids de son cerveau n'est que 1/44 du poids de
son corps ; celui du cerveau de l'homme est 1/40.
Et la différence croît avec l'âge, du moins tant que
l'être est en voie de développement. Elle n'est que
de 7 p. 100 en faveur de l'homme de vingt et un à
trente ans ; elle est de 11 p. 100 entre trente et
quarante ans. Différence encore dans la forme ; le
Dr Manouvrier est le seul qui ait quelque doute à
cet égard, qui incline à trouver, par exemple, que
la femme ne le cède pas sensiblement à l'homme
pour le développement des lobes frontaux. Les

autres anthropologistes sont à peu près unanimes à dire (et il faut bien croire que c'est sur un nombre suffisant d'observations) que le cerveau féminin est plus lisse, a les circonvolutions moins belles, moins amples, les plis moins nets et moins profonds; que les lobes frontaux, siège présumé de l'intelligence, y sont moins développés que les lobes occipitaux, où l'on s'accorde à localiser les fonctions psychiques inférieures, émotives et sensitives, surtout. Il n'est pas jusqu'à la substance grise qu'ils ne trouvent moins abondante et moins dense chez la femme. Et, enfin, l'irrigation sanguine du cerveau serait elle-même moins satisfaisante chez la femme, où précisément les vaisseaux qui arrosent la partie antérieure ou frontale seraient d'un moindre calibre que ceux qui arrosent la partie occipitale, tandis que c'est le contraire dans l'autre sexe.

En présence de tant de traits fâcheux, on pourrait d'abord se demander s'ils sont tous également authentiques, le fruit d'observations assez nombreuses et rigoureuses [1]. Mais il faut bien nous incliner, n'étant pas en mesure d'opposer des faits

1. Je relève dans un journal le récit suivant. Th. L. W. Bischoff, le célèbre professeur de l'Université de Saint-Pétersbourg, publiait en 1872 un pamphlet antiféministe contre « l'étude et la pratique de la médecine par les femmes ». Il y affirmait que la femme était physiquement impropre aux hautes études, le cerveau féminin étant, d'après ses recherches, inférieur à celui de l'homme et incapable d'un aussi grand développement. En savant consciencieux, Bischoff voulut confirmer sa théorie par les faits. Il exigea par testament que son cerveau fût pesé, et

aux faits, des chiffres aux chiffres. D'ailleurs tout
cela semble vrai, au moins en gros et en moyenne,
et n'a même pas lieu de nous étonner; car ce
moindre développement de la stature, ce moindre
poids, cette moindre richesse du sang, cette moindre
activité des échanges respiratoires, tout, jusqu'au
développement moindre du cerveau et, dans le cerveau, des parties qui servent aux fonctions psychiques supérieures, peut n'être que l'effet, le résultat
d'un mode de vie plus comprimé, plus sédentaire.

Quoi d'étonnant que l'aptitude au mouvement
soit moindre, moindre la puissance (musculaire
ou autre) quand depuis des siècles et des 'siècles il y a été fait moins appel? Les organes non
exercés diminuent de volume, de poids et de force
fonctionnelle : c'est une loi générale de la biologie.
C'en serait presque assez pour expliquer toutes les
différences qu'on vient de voir. C'est pourquoi
j'appelle ces différences *secondaires*; elles le sont
en importance; elles le sont aussi en tant que pouvant s'expliquer comme résultant d'autres différences plus profondes, celles-ci irréductibles.

En voici d'autres en effet qui apparaissent avec
un bien autre caractère de nécessité et sur les-

donna comme résultat probable le poids de 1350 grammes. En
exécution de ce testament, la boîte crânienne de Bischoff a été
ouverte tout récemment, et l'encéphale soigneusement pesé. A
la surprise générale, on a constaté que le cerveau du savant professeur était inférieur de 5 grammes au poids moyen du cerveau
de la femme. Les féministes sont dans la joie!

quelles il n'y a ni discussion possible, ni explications à chercher.

Cela tient en deux mots, mais va à l'infini par son importance immédiate et par ses conséquences lointaines, à la fois physiques et psychiques. La femme est... la femme. Elle est organisée essentiellement pour la fonction maternelle qui est son essence. La gestation et l'allaitement, voilà ses fonctions propres ; tous les caractères morphologiques, physiologiques et psychiques qui en dépendent ou s'y rattachent constituent sa nature propre de la façon la plus évidente, la plus indéniable qui puisse être. Il suffit d'énoncer cette vérité de sens commun pour mettre tout au point.

Toutes les infériorités de la femme en découlent. Mais aussi toutes ses supériorités y sont contenues. En effet, comment parler sans respect de celle qui est la mère (en puissance ou en acte)? Comment parler d'inégalité même? Car, socialement, quoi de plus important que la perpétuation de la famille, de la nation, de l'espèce? En revanche, même virtuelle, la maternité pèse d'un poids terrible sur la femme dans la lutte pour la vie, d'un poids tel qu'elle ne pourrait littéralement pas soutenir cette lutte si elle était livrée à elle-même, si bien que les nécessités les plus impérieuses se joignent à ses tendances prédominantes (naturelles ou acquises) pour la mettre dans la dépendance de l'homme, disons sous sa protection.

Je n'oublie pas qu'on exagère parfois à plaisir les désavantages dont il s'agit, et ce n'est pas toujours par esprit de générosité, en demandant pour la femme un redoublement d'égards et de soins. Elle doit penser que c'est un peu trop de bonté de tant la plaindre pour des épreuves, naturelles après tout, normales et saines, très allégrement supportées par celles qui sont saines elles-mêmes et dans des milieux sains. Quand Michelet nous dépeint la femme dans toute la fleur de l'âge et dès la puberté comme une malade par définition; quand le Dr Sicard (*l'Évolution sexuelle dans l'espèce humaine*) nous montre en germe dans le développement même de la féminité tous les troubles psychiques aussi bien que physiologiques, le délire des actes (kleptomanie, pyromanie, dipsomanie), le délire des instincts (nymphomanie, monomanie, suicide), la manie aiguë, les délires innomés, les impulsions diverses, les actes de violence, de destruction, de fureur aveugle et subite, le tableau est trop noir évidemment. Il suffirait de dire avec le même auteur que l'état mental de la femme, sous l'empire de troubles fonctionnels, peut « varier du simple malaise, de la simple inquiétude de l'âme jusqu'à l'aliénation, à la perte complète de la raison, en modifiant la moralité des actes depuis la simple atténuation jusqu'à l'irresponsabilité absolue. »

Il y a là, sans contredit, surtout dans la crise

initiale, vers douze ou quatorze ans, et dans la crise
finale, vers quarante-cinq, toute une série de risques spéciaux, et des causes certaines de fragilité et
d'instabilité, de moindre résistance physique, de
moindre équilibre mental et moral.

Répétons cependant que ces crises et tout ce qui
s'y rapporte, si elles sont aggravées par la vie arti-
ficielle et malsaine des grands centres, sont au contraire singulièrement simplifiées et aplanies par la
vie régulière, au grand air, dans de bonnes conditions d'hygiène physique et morale; que la femme
à tout âge se montre souvent merveilleusement
robuste à sa manière, résistante aux fatigues spéciales de son sexe, infatigable au chevet des
malades, etc.; qu'enfin, une fois sortie des dangers
(si honorables) qui lui sont propres, elle ne le cède
en rien à l'homme pour la santé et la longévité. —
Il n'en reste pas moins que pendant toute la plus
belle période de sa vie, la femme la mieux cons-
tituée, la mieux équilibrée de corps et d'âme, est
sujette à des misères certaines plus ou moins
graves, sans préjudice de nos misères communes.
Elle a des temps inévitables de lassitude physique
pouvant aller jusqu'à l'impuissance, de faiblesse
générale semi-morbide, d'excitabilité nerveuse un
peu anormale, s'accompagnant presque nécessairement d'un état moral correspondant de tristesse
vague, d'inquiétude et de crainte.

Ce lourd « tribut », payé par la femme à l'espèce

dont la conservation dépend d'elle, se traduit par un surcroît de morbidité et de mortalité dans l'âge de la pleine jeunesse. Si la statistique nous montre la petite fille un peu plus résistante que le petit garçon, un peu moins frappée par la mortalité dans les premières années, surtout dans la première, ce léger avantage est bien expié dans la suite. Toujours sensible, même dans les meilleures conditions de repos, de confort et de soins, ce tribut est surtout lourd dans les classes ouvrières, où la gêne continuelle force la femme à cumuler les fatigues de cet ordre avec celle d'un dur travail, particulièrement de ces travaux d'usine et d'atelier, mécaniques, inflexibles.

La Société de secours mutuels des ouvriers en soie de Lyon, une société similaire en Italie constatent dans leurs comptes rendus que jusqu'à l'âge de quarante-cinq ou cinquante ans la morbidité des femmes (calculée par le nombre des journées de maladie) est égale à environ une fois et demie celle des hommes. Et la mortalité des femmes est plus que triple ; elle est de 10 pour 100, au lieu de 3 pour 100 chez les hommes. En vérité, je suis, dans ces questions économiques si obscures, pour toute la liberté humainement possible, mais je ne puis regarder comme tolérable humainement le régime meurtrier qui abandonne à l'arbitraire des intérêts financiers le travail des femmes. J'approuve pleinement sur ce point les belles paroles de Huxley :

« Tant que la maternité, fût-ce seulement virtuelle, sera le lot de la femme, ce sera pour elle une effroyable surcharge dans cette course qu'on appelle la vie. Mais s'il en est ainsi, le devoir de l'homme est de lui alléger le fardeau, d'empêcher tout au moins qu'il lui en soit imposé un autre, et que l'injustice vienne renforcer l'inégalité native. »

Mais serrons de plus près la question principale qui fait l'objet de cette leçon.

Comment, au juste, dans les cas normaux et moyens, dans les cas les plus favorables, la féminité physique influe-t-elle sur le moral, détermine-t-elle l'esprit et le caractère féminins?

Pour préparer la femme à sa fonction maternelle, la nature, selon H. Spencer, arrête plus tôt son développement individuel, lui faisant mettre en réserve, pour ainsi dire, la grande provision de force dont elle aura besoin pour y suffire. C'est pour cela que sa croissance cesse plus tôt, que sa taille reste moindre, moindre le développement des organes de relation en général. La nutrition, encore très active, est toute utilisée en vue de l'espèce.

Il s'ensuit d'abord que la fille est mûre mentalement avant le garçon : c'est là un fait indéniable. A un même âge (quinze ou seize ans, par exemple), la précocité de la fille est telle, qu'il y a comme un abîme entre elle et le garçon pour le sérieux à la fois et pour la finesse, pour l'aptitude à comprendre vite et à bien juger, du moins dans les choses réelles et concrètes. Bien mieux que lui elle devine la vie et sait au besoin s'y conduire. Qui n'a admiré ce qu'une fille de cet âge déploie de ressources quand elle a soit à seconder la mère, soit à la remplacer?

Mais cet avantage se tourne facilement contre elle. Cette maturité précoce est en même temps un arrêt de développement. Le cerveau reste moindre, ainsi que les autres organes. La femme est plus vite au terme de son évolution; mais c'est précisément que le terme est plus proche, l'évolution plus bornée. Voilà le fait fondamental dont les satiriques et les humoristes se sont emparés et qu'ils se plaisent à exagérer. « Les femmes sont de grands enfants, dit Chamfort; elles sont faites pour commercer avec notre folie et non avec notre raison ». — « La raison et l'intelligence de l'homme, dit à son tour Schopenhauer, n'atteignent guère tout leur développement que vers la vingt-huitième année; chez la femme, au contraire, la maturité de l'esprit arrive vers la dix-huitième année. Aussi n'a-t-elle jamais qu'une raison de dix-huit ans bien mesurée. C'est pour cela que les femmes restent toute leur vie de grands enfants » *Pensées et Fragments*, trad. Bourdeau, p. 131. Presque tous les auteurs en conviennent, Mme de Rémusat aussi bien que Rousseau. Le P. Jolly fait remarquer que la petite fille en devenant jeune fille ne change ni de teint, ni de visage, ni presque d'inclinations, tandis que la transformation du petit garçon en jeune homme est une révolution manifeste. Il est certain que, en tout ordre d'études et de talents, les jeunes filles tiennent rarement tout ce qu'elles promettent. « Les petites filles, dit un romancier contemporain, font des choses étonnantes quand elles commencent; puis crac! ça s'arrête, on ne sait pas pourquoi. » (Jeanne Mairet, *Jean Méronde*; il s'agit là de la peinture.) Eh bien! nous savons maintenant pourquoi. C'est qu'elles sont femmes, et comme telles ne sont pas plus appelées à avoir des talents virils que de la barbe.

Cela ne les empêche pas de réaliser l'idéal humain, dans leur genre, aussi bien que l'homme dans le sien; et il serait absurde d'en conclure que la femme n'est qu'un homme arrêté dans son développement.

Mais s'il est ridicule de ne voir dans la femme qu'un enfant, ce n'est pas lui faire tort que d'accorder qu'ordinairement, en effet, elle reste plus jeune d'esprit que l'homme, plus vive de cœur, plus ardente de sentiments, plus impulsive. Voilà peut-être l'explication de cette extrême sensibilité aux impressions, qu'elle sait cacher quand elle y a un pressant intérêt, mais qu'elle ne nie pas et qui est si caractéristique. Nous verrons comment cela se concilie.

La conservation de l'espèce, qui est le but de la nature, ne requiert pas seulement des organes et des fonctions, mais aussi des instincts appropriés. L'instinct paternel existe, mais beaucoup moins fort et moins spécialisé que l'instinct maternel. L'homme est naturellement protecteur; mais la mère, c'est tout spécialement la faiblesse du petit enfant qui l'attache par des liens d'une force indicible. Et à cette disposition affective se joignent les dispositions mentales correspondantes, l'intuition, la divination des besoins de l'enfant, le sens de l'inexprimé, sens qui ne reste pas borné à cet objet, mais s'étend à la conduite en général. Quand elle aime profondément, la femme aime toujours un peu en mère.

Forte et protectrice par rapport à l'enfant, la femme est faible par rapport à l'homme et a besoin de sa protection. Et il n'est pas malaisé d'en découvrir la raison. Celles-là seules ont pu subsister et laisser une progéniture, qui ont eu à un degré suffisant les aptitudes et dispositions mentales propres à leur attirer et à leur conserver l'appui de l'homme. Besoin de plaire, talent de plaire, goût des succès de cet ordre, ardente émulation en ce sens, tout cela se tient, et il n'en faut pas séparer le don de la persuasion.

D'autre part, les femmes d'un caractère indépendant, ou trop portées à ressentir l'injure d'une autorité tyrannique et à laisser voir leur ressen-

timent, ont certainement diminué par là leurs
chances sociales. Donc un certain empire sur soi,
un certain art de dominer, de maîtriser, et pourquoi
ne pas le dire? de déguiser leurs sentiments, ont été
des dispositions tutélaires pour celles qui les pos-
sédaient. Ainsi se concilie sans doute ce singulier
empire des femmes sur elles-mêmes toutes les fois
qu'elles y ont un pressant intérêt, avec cette jeunesse de sentiments, cette vivacité d'impressions
dont nous parlions tout à l'heure.

De même, pressée continuellement de deviner
les sentiments, les désirs, l'aversion des hommes
de qui son sort dépend, il semble naturel que la
femme ait étendu de ce côté le don d'intuition, de
pénétration, de quasi divination que nous lui avons
reconnu à l'égard du petit enfant. Deviner à un
geste, à une intonation, la colère prochaine, la
décision implacable, ou au contraire la pitié nais-
sante, a été souvent pour elle une question de vie
ou de mort. Purement instinctive dans l'état sauvage, cette intuition des sentiments les plus secrets
deviendra, par la culture et l'exercice, la pénétration plus variée et plus large, et non moins admirable, de la femme civilisée

Un trait moins délicat, mais aussi général et qui,
selon Spencer, s'explique de même, est le respect
et l'amour de la force. Le genre de force que la
femme prise varie selon le milieu, le degré de
civilisation, les personnes; mais il est certain

qu'une manifestation quelconque de force de la part de l'homme est un des facteurs essentiels et déterminants de son affection. Elle est fascinée par la vigueur physique ou mentale : cela se retrouve jusque chez les plus distinguées et les meilleures, qui ne veulent épouser qu'un « homme de valeur ». Rien ne serait plus injuste que de faire à la femme un reproche de cette tendance à laquelle elle a dû de subsister, elle et ses enfants, et sans laquelle ne se serait pas opérée une sélection après tout favorable à la race. Il suffit que le progrès et la culture aient amené l'élite des femmes à goûter de préférence la force mentale et morale. Cette fascination de la force nous explique seule ce fait bizarre et pourtant certain, que bon nombre de femmes ne craignent pas outre mesure les mauvais traitements. Pareilles à la femme de Sganarelle, elles diraient presque comme elle : « Et s'il me plaît d'être battue ! » Elles s'attachent plus quelquefois aux hommes qui leur font sentir leur force brutalement, qu'aux hommes faibles et mous, dont elles ne reçoivent que de bons traitements, surtout quand les premiers sont violents par jalousie, et les derniers doux par indifférence.

A ce respect de la force, Herbert Spencer rattache encore la disposition religieuse, partout et toujours plus marquée chez la femme que chez l'homme. J'incline à croire qu'elle a plutôt sa source dans la tendresse et l'émotivité plus grandes,

disons provisoirement dans un plus grand besoin
de secours moral et physique, dans une habitude
plus grande de craindre et d'espérer, d'implorer et
d'attendre, de sentir et de prier sans agir. La
question demande à être pressée davantage. Mais
retenons en tout cas que ce sentiment tient par ses
racines au plus profond de la nature féminine, et
gardons-nous de donner dans l'erreur superficielle
qui consiste à n'y voir qu'un produit factice de
l'éducation.

Le respect de l'autorité, de toutes ses formes et
de tous ses symboles, le « conservatisme social » en
général est, à bien meilleur droit, présenté comme
un autre effet de l'instinct de soumission et du
défaut d'autonomie mentale. Point de doute que la
femme ne soit d'ordinaire la gardienne des traditions
domestiques et sociales, point de doute qu'elle ne
soit, plus naturellement que l'homme, autoritaire et
gouvernementale en politique; et peu de doute qu'il
ne faille rattacher ces tendances à sa dépendance
naturelle et héréditaire. « Les pouvoirs régnants la
subjuguent », l'appareil de la force publique lui ôte
toute velléité d'indépendance et on la trouve
toujours plutôt contre que pour ces velléités.
Comment serait-elle d'humeur libérale, n'ayant
jamais connu le droit abstrait et la justice pure,
n'ayant jamais dû qu'au bon plaisir et à la force
de l'homme séduit par ses charmes, ce qu'elle a
obtenu d'avantages, en ce monde. La force et le bon

plaisir, la faveur, en un mot, voilà la grande loi à
ses yeux.

Si je ne me trompe, nous avons fait un grand
pas dans l'étude de notre sujet. Nous avons vu
comment et pourquoi la femme a été subordonnée
à l'homme et façonnée mentalement en conséquence. La précédente leçon ne nous a montré que
la subordination de fait, souvent excessive, souvent
inique, avec un changement radical à la fin, avec
une révolution dans la loi qui pouvait en présager,
en faire espérer et craindre aussi beaucoup d'autres.
Aujourd'hui nous sommes allés à la source, à la
raison biologique du fait social; nous savons pourquoi la femme a toujours été subordonnée, dans
quel sens et dans quelle mesure il semble vrai de
dire qu'elle ne peut pas ne pas l'être, qu'elle le sera
toujours, sous peine de changer toute la nature et
tout l'ordre non seulement traditionnel, mais intel-
ligible des choses. Pût-on vouloir ce changement,
on trouverait à cela les obstacles les plus insur-
montables dans la nature même de la femme, à la
fois dans sa constitution et ses instincts et dans
toutes ses habitudes mentales.

La subordination dont il s'agit n'est choquante
qu'à titre de fait brutal, non corrigé par la division
du travail, non adouci par la justice, aggravé au
contraire par je ne sais quelle concurrence monstrueuse entre les sexes, qui sont faits pour collaborer

dans l'union et non pour se combattre. Elle n'a rien qui puisse ni choquer ni humilier personne, si elle est précisément la différence dans l'unité, la subordination de parties également nécessaires dans un même tout organique, la famille, noyau, cellule élémentaire de la grande société. Dans la voie des récriminations et de l'émancipation bruyante, point de remède à la subordination des sexes l'un à l'autre, point d'autre, du moins, que la destruction de la famille, au grand péril de l'espèce, remède cent fois pire que le mal pour le bonheur même de la femme.

Il faut donc prendre son parti de ce que la nature a fait, en évitant de l'aggraver, surtout en s'efforçant de l'amender dans toute la mesure que la nature permet. Cette mesure est large, nous le verrons. Bien avertis, nous concevrons sans trop de peine, je le crois, une éducation de la femme qui à la fois la relève et l'élève, qui lui assure tout le développement que comportent ses facultés trop longtemps négligées, et qui pourtant ne compromette rien de ce qui fait sa grâce et son charme. On peut la rapprocher de l'homme en dignité et en raison, la rendre plus digne encore de son respect sans la rendre moins digne de son amour. C'est à quoi nous devrons nous appliquer sans doute, nous rappelant toujours à propos ce que nous avons vu aujourd'hui des faiblesses de la femme, non pour en tirer avantage contre elle et les lui reprocher, mais pour y remédier dans toute la mesure possible, en lui donnant ce qui lui manque, sans lui ôter ce qu'elle a. N'ayons pas peur de la fortifier : en le faisant, c'est pour la famille, pour la société, pour lui-même enfin que l'homme travaille; et il serait bien modeste vraiment, ou bien pusillanime, d'avoir peur de se diminuer en grandissant sa compagne. Elle, en revanche, serait bien mal inspirée, bien maladroite, c'est-à-dire ne serait plus elle-même, si elle oubliait le verdict de la nature à son égard. La nature a fait sa part aussi belle au moins que celle de l'homme, à condition que ce ne soit pas la même. Elle perdrait la seule égalité possible pour elle en aspirant à l'autre. Et elle serait la première victime si, par impossible, en réclamant la justice, elle allait tuer l'amour.

QUATRIÈME LEÇON

La petite fille.

PSYCHOLOGIE COMPARÉE DES DEUX SEXES AVANT LA PUBERTÉ.

Faut-il distinguer entre le naturel et l'acquis? — Jeux de filles et jeux de garçons. — Caractères physiques de la petite fille. — Ses dispositions morales. — Développement précoce de ses facultés intellectuelles.

La psychologie comparée des deux sexes semble n'avoir un objet bien net et bien certain qu'à partir de la puberté, c'est-à-dire du temps où ils sont différenciés. La phase sur laquelle devra porter notre examen comparatif des dispositions, tendances et aptitudes psychiques des deux sexes s'étend donc essentiellement de la fin de l'enfance au commencement de la vieillesse, de treize ou quatorze ans environ, époque de l'adolescence commençante pour les filles, à quarante-cinq ou cinquante ans, époque de l'extrême maturité. Avant cette phase, la fémininité et la virilité ne sont qu'à l'état de promesse, et après, elles sont surtout à l'état de souvenir.

La crise qui fait cesser l'enfance varie, de dix ans, par exemple, en Égypte, à dix-huit ans en Suède. La phase de la beauté et de la fécondité se prolonge à proportion, d'autant plus longue que le début en est plus tardif; elle cesse avant trente ans en Égypte, où elle est de moins de vingt années, peu avant cinquante ans dans les pays du nord, où elle dure ainsi trente années. Aussi n'y a-t-il aucune raison de souhaiter plus précoce l'éclosion de la puberté; au contraire, dans la mesure très-restreinte où l'éducation y peut quelque chose, elle doit s'appliquer à la retarder en écartant avec soin tout ce qui serait de nature à l'avancer. (Dʳ Clavel, *Éducation physique et morale*, I, p. 345.)

Des deux périodes, celle qui précède et celle qui suit, nous pourrons presque absolument écarter la dernière, qui n'a qu'un rapport éloigné avec notre sujet; mais nous devons nous arrêter quelque temps sur la première, qui intéresse spécialement le pédagogue. D'ailleurs, si les différences qui séparent moralement et intellectuellement le petit garçon de la petite fille sont relativement minimes, en comparaison de celles qui éclatent avec l'adolescence, elles ne sont pas nulles cependant, et se laissent apercevoir dès qu'on y regarde d'assez près; et l'on y a regardé de plus près à mesure que la place de l'enfant a grandi dans la famille. La neutralité du mot enfant (en grec τὸ νήπιον, en allemand *das Kind*, en anglais *child*) n'a qu'une demi-vérité. La nature prépare dès le berceau l'esprit et le cœur de la jeune fille, comme ceux du jeune homme. On peut craindre cependant qu'en remarquant, en préjugeant même les différences sexuelles, dès un âge où elles étaient jadis inaperçues, on ne les crée pour ainsi dire, ou du moins on ne les accentue. Il est certain que, à s'occuper des enfants comme on le fait aujourd'hui dans nos familles, on est conduit tout naturellement à traiter prématurément le petit garçon comme un petit homme, la petite fille presque comme une femme. Tout alors, depuis le costume dont on les revêt jusqu'aux jouets qu'on leur donne, tend à faire saillir les différences naturelles et à y en ajouter peut-être de factices, si bien qu'il devient impossible de démêler ce qui est vraiment l'œuvre de la nature de ce qui est la nôtre dans les caractères enfantins. Dès la cinquième année, nous mettons notre marque sur le garçon, lui prêtant de confiance nos instincts, le présumant sans doute batailleur ou le rêvant tel, car les jouets que nous lui donnons ne sont que tambours et trompettes, sabres, fusils, canons, chevaux à monter, soldats à faire manœuvrer, bateaux à gréer, etc. Le plaisir qu'il y prend ne laisse guère de doute sur sa pente naturelle ; mais à coup sûr nous le poussons du côté où il penche. De même pour la fille, nous la faisons au moins abonder dans le sens de sa nature, en

l'exaltant par des poupées et des berceaux, des
ménages, des batteries de cuisine, des nécessaires
à ouvrage, des armoires à glace, des rubans, des
bijoux... Mais est-il bien nécessaire de faire le
départ entre l'instinct naturel et l'habitude reçue?
C'est une nature encore que celle qui est acquise,
quand elle l'est universellement et d'une façon tant
de fois séculaire. Que nous importe, au fond, ce
qu'était la petite fille à la première ou à la deuxième
génération humaine, si tant est que cette question ait un sens scientifiquement? Ce qui nous intéresse, c'est la petite fille d'aujourd'hui. Il suffira de
signaler, chemin faisant, les incertitudes quand il
y en a, et de dire une fois pour toutes : 1° que beaucoup de caractères parmi ceux que nous relèverons
sont en partie acquis ou accentués par l'effet de
l'éducation ; 2° qu'il n'est presque pas un trait donné
comme caractéristique d'un sexe qui ne se rencontre
aussi dans l'autre; ce n'est qu'une affaire de degré
et de moyenne.

Presque toutes les petites filles à de certains
moments et dans certaines conditions sont de vrais
gamins, partagent ou ne demanderaient qu'à par-
tager les jeux des garçons, sur lesquels elles jettent
un regard d'envie. « Je ne connais pas une fille, dit
Mme Guizot, qui, pour peu qu'on la laissât faire, ne
préférât de beaucoup les jeux bruyants et brutaux
des petits garçons aux plus spirituelles gentillesses

dont on tâche de l'amuser. Si la sage Sophie commence à se ranger au goût des convenances, ce n'est jamais sans un œil d'envie que Louise va observer, du coin de la basse-cour, les petits polissons du village entrant pieds nus dans la mare. » C'est que le besoin de mouvement, qui est fondamental, est commun aux deux sexes. De même, inversement, est-il un garçon qui n'aime jouer avec les poupées et les ménages de ses sœurs? C'est que l'instinct de sociabilité d'abord, puis l'instinct d'imitation, le besoin de jouer, en un mot, leur sont communs. Mais en somme et en moyenne, il y a bien des jeux de garçons et des jeux de filles. Et quand les enfants d'un sexe ont trop vive, ou gardent trop longtemps la prédilection pour les jeux de l'autre sexe, on dit des filles qu'elles sont de vrais garçons, des garçons qu'ils sont de vraies filles. Pourquoi ne pas croire qu'il y a là quelque chose de naturel vraiment et d'irréductible?

Nous n'avons pas à revenir sur les différences physiques relatives, par exemple, à la taille, au poids, au volume de la tête, qui se remarquent dès la naissance : nous les avons suffisamment signalées dans la leçon précédente. Voici maintenant des différences moitié physiques, moitié psychiques.

Les mouvements diffèrent en qualité, sinon en quantité. Les garçons ont les mouvements plus amples et plus visibles, sinon plus nombreux. Ils ont davantage l'instinct du déplacement, c'est-à-dire du mouvement étendu, marche, course, saut; les petites filles, davantage l'instinct du mouvement court et restreint, des mouvements mimiques ou de ceux qui traduisent les sentiments[1]. Mme Pape-Carpentier constatait, au même âge, la supériorité d'adresse et de finesse tactile des petites filles, mais les garçons prennent leur revanche dans la construction, pour le pliage même du papier, où leurs plis sont plus fermes, leurs angles plus nets, paraît-il. « Ceux des petites filles ont presque tous une mollesse, une hésitation, décelant une main moins forte et un esprit moins résolu. Les ouvrages des garçons se reconnaissent au premier coup d'œil. » Peut-être avons-nous là la clé d'une question controversée, celle de savoir si les garçons sont réellement plus turbulents que les filles, comme on le dit assez communément. Ils ont les mouvements plus forts et plus amples, moins délicats par suite. Mais les filles sont aussi remuantes à leur manière, et, quand on les laisse libres, ne sont pas plus réglées en leurs mouvements. Une mère disait devant un employé du *Bon Marché* que sa petite fille usait et salissait ses vêtements plus que le garçon. « Oh! madame, dit l'employé, c'est général : toutes ces dames m'en disent autant. »

La vérité, c'est que les garçons, en dépit des

---

1. J'emprunte la mention de ce fait et de quelques-uns de ceux qui suivent à des observations faites par Mlle Lauriol, à l'école maternelle de Lons-le-Saunier d'abord, puis de Clermont.

exceptions, sont plus batailleurs, plus amis des
jeux de force et des luttes variées, plus aggressifs
enfin par nature, plus rudes et plus dominateurs.
Ce n'est pas que les filles n'aient aussi le goût de
la domination. Elles aiment tout autant imposer
leurs petites volontés et faire sentir leur action;
mais c'est par d'autres moyens en général, et leurs
manifestations sont moins véhémentes. « Dans un
jardin public, à Strasbourg, me disait un de mes
collègues à ce propos, il y avait une grande cage
pleine d'animaux. Une petite fille arrive, les appelle
d'une voix câline et leur donne du pain. Un garçon
du même âge arrive, et leur jette des cailloux. » Il
avait été vingt fois le témoin de cette scène et il y
voyait le symbole du caractère des deux sexes.

Les filles parlent en moyenne plus tôt; le fait
paraît si général au Dr Chervin qu'il explique par
là cet autre fait curieux que le bégaiement est
beaucoup plus fréquent chez les garçons. Pour une
fille qui bégaye, il y a dix garçons. C'est le contraire qu'on attendrait d'après ce qui précède,
puisque les garçons ont les mouvements plus
fermes et plus décidés. Et, en effet, cela est vrai
des mouvements vocaux comme des autres, et tous
les vices de la parole qui tiennent de la mollesse
et de l'indécision sont plus fréquents chez les filles,
comme la blésité, le zézaiement, le chuintement, etc.
Mais tout autre est la nature du bégaiement, qui,

sauf les cas d'hérédité et d'imitation, a presque toujours pour cause une secousse nerveuse, une émotion violente survenant dans l'enfance, surtout de trois à six ans, quand la concordance fonctionnelle entre le cerveau et les organes de la parole est encore imparfaitement établie. Or cette concordance s'établit en général beaucoup plus tôt chez les filles que chez les garçons; elle est ordinairement achevée à l'âge critique dont il s'agit, ou assez avancée pour n'être pas dérangée par les secousses accidentelles.

Quoi qu'il en soit de cette explication, Preyer et tous les psychologues semblent d'accord sur ce fait que les filles parlent plus tôt. J'incline à croire qu'elles parlent aussi davantage, à égale liberté. Le babil interminable est sans doute un besoin commun aux deux sexes dans l'enfance; il y a une phase dans laquelle le besoin d'action et de mouvement prend cette forme entre autres, et où l'enfant enfile des mots et des phrases sans fin, parfois sans queue ni tête, comme on dit, pour le seul plaisir de s'entendre. Mais on constate chez les filles bien plus fréquemment cette « logorrhée » dont parle Preyer, cette griserie des mots débités avec un minimum de souci du sens. Car la perfection de la phonation est en avance sur celle de l'adaptation des mots au sens. L'emploi des mots à contre-sens, qui fait dire aux enfants, par exemple, que la neige est chaude et froid le thé

bouillant, a été le fait de petites filles autant de fois
que j'ai eu occasion de le constater. Tout cela,
est-il besoin de le dire? sans parti pris ni ironie,
sans préjuger la question de savoir si les femmes
parlent réellement plus que les hommes, et parlent
plus volontiers à tort à travers.

Les filles sont aussi plus imitatrices que les
garçons, quoique l'instinct d'imitation soit remarquable chez tous également. Selon M.ᵐᵉ Lauriol,
« les filles imitent et singent mieux que les
garçons ». Il semble qu'elles remarquent mieux
ce qu'on dit et fait devant elles et qu'elles y prennent plus d'intérêt; le répéter et l'imiter est un de
leurs plaisirs les plus vifs. Elles y excellent d'autant plus qu'elles créent, inventent et innovent
moins. Il est incroyable combien tôt et avec quelle
perfection une petite fille répète exactement à sa
poupée ce que sa mère lui a dit, avec les mêmes
inflexions de voix, les mêmes gestes et attitudes.

Si ce trait est certain, il est d'un grand intérêt,
car c'est un trait de physionomie à la fois et un
trait de caractère. Qui dit imitation, dit souplesse,
plasticité, docilité, promptitude à assimiler, à se
modeler, à se prêter aux changements de milieu et
de circonstances. Cela nous expliquerait et la mer-
veilleuse facilité de la petite fille à tout saisir, à
exceller en tout ce qui ne demande pas trop d'initiative, et l'aptitude si remarquable de la femme à

se mettre au niveau de toutes les circonstances, à
suppléer au défaut d'éducation première quand la
brusque élévation de sa condition lui crée des obligations nouvelles.

Mais en revanche, imitation, c'est, à la limite,
servitude à l'égard de l'opinion, de la coutume, des
préjugés et des usages; c'est le culte de la mode,
l'absence de personnalité, le défaut d'invention,
d'originalité et de profondeur...

Enfin, à cette aptitude imitative se rattache sans
doute une plus grande vivacité d'expression, du
moins d'expression par le geste, la mimique et
l'intonation, que les observateurs s'accordent à
reconnaître aussi aux petites filles. Il en est dans
l'histoire du théâtre qui ont montré une précocité
incroyable pour la scène, admirables dès six ans, dès
quatre ans (comme Céline Montaland). Toutes les
fois qu'une pièce comporte un rôle d'enfant, fût-ce
de petit garçon, c'est une petite fille qu'on trouve
pour le jouer, et on est stupéfait de la perfection
qu'elle y apporte. Et dans nos familles même,
combien, si l'on n'y veillait pas, montrent plus de
penchant qu'il ne faudrait à jouer de petites comédies, à faire les bons apôtres pour en arriver à
leurs fins !

En même temps (et c'est presque une même
aptitude) elles sont aussi bien plus vives et fines que
les garçons pour interpréter, pour saisir, surtout
quand elles y ont intérêt, les jeux de physionomie,

les sentiments et les pensées des autres. La plus simple observation reconnaît ainsi chez la petite fille le trait que nous avons attribué à la femme comme un caractère séculaire auquel elle a dû son salut dans la lutte pour l'existence.

Je passe sur les aptitudes sensorielles; les observations manquent pour cet âge. Un seul caractère paraît suffisamment certain et général, c'est le goût des filles pour les saveurs acides, le vinaigre, les fruits verts, les crudités; encore n'est-il pas sûr qu'il apparaisse dès l'enfance, temps où les saveurs sucrées plaisent également aux deux sexes. Arrêtons-nous sur les traits purement psychiques, qui ont plus de portée.

La petite fille est en moyenne beaucoup plus sensible que le petit garçon et d'une sensibilité déja féminine. Michelet s'étonne et s'indigne que Mme Necker de Saussure n'ait pas été frappée de cette différence quand elle affirme la presque identité des deux sexes jusqu'à dix ans. (*La Femme* p. 105.) Il est très vrai que beaucoup de petites filles ont pour leur poupée une vraie et profonde tendresse, un amour dévoué, protecteur, maternel. C'est bien l'instinct de la maternité, déjà, qui prélude, cet instinct qui dans la femme domine tout le reste. Michelet le dit avec un peu d'emphase, mais rien n'est plus juste, du moins à titre d'indication :
« Dès le berceau la femme est mère, folle de

maternité. Pour elle, toute chose de la nature, vivante et même non vivante, se transforme en petits enfants. » Pensez à la passion avec laquelle la petite fille, quand on le lui permet, s'occupe de ses frères et sœurs plus petits, veut les porter, leur être utile, voire les morigéner. Mère et éducatrice, c'est son évidente vocation.

Plus généralement, la sensibilité, l'émotivité indéterminée est plus vive chez la fille que chez le garçon. Elle est plus impressionnable, plus facilement émue, ébranlée, secouée profondément. Tous les enfants ont peur des souris, des insectes, et je sais des petits garçons que le mouvement d'une souris mécanique met hors d'eux; mais cette peur dure plus et est plus invincible chez les filles. Tous les enfants pleurent facilement, mais les filles avec une facilité et une conviction particulières. Pour Jean-Paul Richter, c'est un trait de la nature féminine à tout âge. « Les larmes, dit-il, c'est leur sang de saint Janvier avec lequel elles font leurs miracles », c'est-à-dire obtiennent tout ce qu'elles veulent. Sans rien préjuger à cet égard, il faut reconnaître que les petites filles sont ordinairement plus pleureuses que les garçons. Cela s'explique sans doute en partie parce que chez le garçon l'émotion, la secousse nerveuse rayonnant plus au dehors, se traduisant plus en mouvements, ébranlent moins le sensorium. Toujours est-il que sur ce fait nous avons le témoignage de M\<gr\> Dupanloup :

« Les petites filles aiment tant à pleurer que j'en ai connu qui allaient pleurer devant un miroir pour jouir doublement de cet état. » Et il insiste avec toute raison sur la nécessité de tonifier ces petits nerfs par un régime sain, rude au besoin, et par une éducation toujours raisonnable.

Quant aux tendances, Msr Dupanloup dénonce leur égoïsme ; mais il n'aurait pas, je crois, soutenu sérieusement qu'il soit plus grand que celui des garçons. Je l'ai trouvé plutôt moindre, dans le champ de mon expérience, mais il est autre. Mlle Lauriol a trouvé les petites filles, en général, plus serrées sur le *tien* et le *mien*, plus propriétaires, moins larges et moins généreuses que les garçons. « Petites colères, jalousie, envie, gourmandise et vanité », sont peut-être égales des deux côtés, mais changent d'aspect. Le garçon est fanfaron et vantard avec une ingénuité sans bornes. La fille met plus de finesse dans la vanité et le besoin de plaire, plus de complication dans le désir de l'emporter sur ses compagnes. Elle a de très bonne heure un besoin incroyable d'attirer l'attention. Sans doute l'éducation elle-même aggrave souvent et créerait, au besoin, cette tendance. Msr Dupanloup s'élève avec raison contre les mères qui parent leurs filles comme des poupées, leur donnent la rage des colifichets, même quand elles n'y tiennent pas pour elles-mêmes. Mais les petites filles n'ont nul besoin de ces excitations. Et leur coquetterie est bien

ailleurs que dans le goût des rubans. Elles veulent
à tout prix qu'on s'occupe d'elles, faisant et disant
pour cela toutes les sottises, aimant mieux être
grondées que de passer inaperçues, allant s'il le
faut jusqu'aux larmes pour qu'on les console. Qui
n'a remarqué le regard en coulisse que jettent les
petites filles sur les personnes qui les regardent
jouer? Les garçons non plus, en pareil cas, ne sont
pas tout à leur jeu aussi absolument qu'on pourrait
le croire; ils veulent aussi briller, étonner, faire
les hommes. Mais elles sont plus encore occupées
de la galerie à laquelle s'adresse la moitié de leurs
paroles, de leurs attitudes et de leurs gestes.

Comme corollaire de cette préoccupation de
l'effet, mentionnons cette timidité qui s'accentuera
avec la puberté en se compliquant de la pudeur,
mais qui fait un curieux contraste chez les petites
filles vaniteuses avec leur aisance native et leur
précoce confiance en elles-mêmes. L'aisance ingé-
nue l'emporte, aussi longtemps que les compliments
ou les reproches ne leur ont pas appris à se sou-
cier de leurs effets; mais cela vient très vite, et
alors commencent les mines et les manières, qui
sont en raison de leur besoin de plaire. « Maman,
dit une petite fille de six ans, repassons dans cette
allée. — Pourquoi, mon enfant? — Parce qu'il y a
une dame qui a dit que j'étais jolie! » (Dupanloup).
Cette dame est l'objet d'une immense bienveillance; mais qu'elle vienne en visite, l'enfant se fera

prier pour paraître au salon et fera mille grimaces.

Autre corollaire, l'horreur de la moquerie, non de celle qu'on exerce, bien entendu, mais de celle dont on est l'objet. Volontiers moqueuses, les petites filles ont horreur de la moquerie. La plus inoffensive paraît sanglante à leur vanité !

Jalousie et envie seraient de bien gros mots pour les employer en parlant du caractère normal des petites filles. Ce qui est sûr, c'est que l'émulation, au moins l'émulation de plaire, est très vive entre elles, ainsi que la rage de se comparer, attisée, il est vrai, par l'imprudence des mères. Or, dans certaines conditions de faiblesse et d'impuissance, ce sentiment tourne facilement à l'envie si la nature est basse, à la jalousie si elle est profonde et aimante. Mgr Dupanloup déclare qu'ayant fait des années de suite le catéchisme à 150 filles et à 150 garçons, il a toujours vu ces sentiments plus vifs et plus ardents chez les filles. Elles sont plus souvent jalouses dans la famille, jalouses entre elles en amitié. Et il cite un exemple dramatique d'une vraie haine vouée par une fillette de dix ans à une compagne nouvelle venue, qui lui avait volé l'attention de son amie préférée. « Oh ! je la déteste ! je la déteste ! je la déteste ! », disait-elle à sa mère avec une rage sincère, quoique théâtrale.

De même les observateurs (Dupanloup, Mlle Lauriol) n'hésitent pas à déclarer les petites filles moins parfaitement droites que les garçons, en général, plus compliquées, plus diplomates, plus fertiles en petites rouéries, plus inclinées à biaiser, à broder, à inventer, tout au moins à arranger et amplifier. Cela, bien entendu, quand leur intérêt le demande, mais gratuitement aussi, quelquefois, et pour l'amour de l'art. Surtout, quand elles veulent mentir, elles y sont plus habiles que les petits garçons, se troublent moins, ont plus de présence d'esprit pour soutenir un premier mensonge.

Mais ceci n'est plus tant de l'ordre du sentiment que de l'intelligence et de la volonté.

Disons un mot de ces facultés pour finir.

Ni la petite fille ni le petit garçon ne sont capables de volonté au sens élevé du mot; ils sont long-temps aussi peureux l'un que l'autre, aussi peu maîtres de leurs nerfs. Mais il semble qu'elle ait la volonté plus courte, moins entreprenante, plutôt négative et défensive. L'entêtement, la force d'inertie, voilà sa force. J'en connais des exemples extraordinaires, notamment celui de cette petite fille de six ans, à qui ses parents avaient eu l'imprudence de dire qu'elle n'irait plus à la promenade tant qu'elle n'aurait pas dit je ne sais plus quoi, et qui ne serait plus sortie de sa vie, s'ils n'avaient cru plus sage de capituler. Peut-être la fille est-elle encore plus volontaire, dans le sens de plus capricieuse, quand on laisse le champ libre à ses velléités. Sa pente évidemment est de n'avoir pour règle que ses désirs, que sa vive sensibilité rend particulièrement changeants.

Le triomphe des petites filles, c'est l'intelligence. Les partisans les plus décidés de l'infériorité de la femme avouent que les différences intellectuelles qui les frappent plus tard n'apparaissent pas dans l'enfance. Les filles ont autant et plus de pénétration, de finesse, de mémoire, d'aptitude à tout comprendre et à tout apprendre. Rien de plus facile que de les pousser très vite et très loin si on le voulait, si l'âge n'excluait pas cette précision sévère et cette abstraction sans lesquelles il n'y a point de culture approfondie. Autour de moi, dans mon expérience personnelle, je dois dire que j'ai trouvé les filles un peu plus superficielles, moins curieuses de savoir pour savoir, moins avides de lecture, moins réfléchies, moins abondantes en questions originales et en promesses de profondeur. Mais je me demande parfois si ce n'est pas par une sorte de préjugé inconscient, quand je recueille des mots comme ceux qu'on m'a communiqués dernièrement. Il s'agissait d'une petite fille dans la tête de laquelle s'était fait, dès l'âge de trois ans, jusqu'à neuf ans qu'elle avait alors, un travail singulier d'ardente curiosité métaphysique sur la vie, sur son origine et sa fin, sur la mort, dont le mystère était pour elle à la fois attirant et terrible et lui inspirait des questions et des réflexions à faire rêver les plus graves : don singulier, individuel, à coup sûr, et où le sexe n'est pour rien, mais que le sexe au moins n'a pas empêché.

On se demande où irait cette pensée d'enfant si elle grandissait sans interruption avec toute la culture philosophique. L'expérience n'a peut-être jamais été faite [1].

En attendant qu'elle le soit, on peut croire à une précocité sans lendemain qui réponde à tant de promesses. Dupanloup fait lui aussi la remarque que les petites filles sont facilement « très raisonnables ». « Dès cinq ou six ans, dit-il, on peut leur parler raison. La précocité de leur esprit est étonnante, souvent redoutable ». Mais il semble que la nature ne prenne ainsi les devants avec les filles que pour les dédommager du développement plus court, de ce demi-arrêt auquel elle-même les condamne.

En somme, ces observations sans parti pris sur la petite fille nous montrent en germe chez elle des aptitudes et des dispositions déjà entrevues pour la plupart dans les deux leçons précédentes, comme résultant soit de la condition séculaire, soit de la constitution même de la femme. Nous verrons maintenant ce que tout cela devient avec et après la crise qui met fin à l'enfance, quand les deux sexes pleinement différenciés abondent sans réserve chacun dans leur sens.

1. Voir l'appendice ci-contre.

APPENDICE

Voici quelques extraits des lettres écrites par la sœur aînée de l'enfant à laquelle ce passage fait allusion; ils pourront intéresser le lecteur. « Elle avait trois ans et demi quand sa grand'mère maternelle mourut loin d'elle. Nous nous aperçûmes, à l'altération de son visage et au silence dans lequel elle se renferma, de l'impression profonde qu'elle avait ressentie. Quelques mois après, elle craignait encore de faire allusion à cet événement. Son père lui ayant dit que le plus grand chagrin qu'il pût éprouver, c'était de la voir méchante, elle répliqua (à quatre ans) : « Oh! il y en a de bien plus grands! — Lesquels? — Tu le sais. — Je ne vois pas. — Mais si... » Et ce n'est qu'en tremblant qu'elle se décida à répondre, sans prononcer le mot : « Là-bas, dans la maison où il n'y a plus personne. » Vers le même temps on lui annonça la mort de son parrain, qu'elle n'avait jamais vu. Mais elle était tendue à ce point sur cette idée de la mort que l'explosion éclata. Elle se coucha sur le plancher, refusant de manger, chassant ceux qui approchaient et ramenant ses cheveux sur sa figure : épouvante, douleur physique, révolte de la nature. Elle se calma peu à peu, mais chaque fois que cette pensée de la mort lui revint, elle se montra très troublée. A quatre ans et dix mois, un soir, en se couchant, elle dit subitement à sa mère : « Maman, j'aimerais mieux ne pas être née. — Pourquoi? — Parce que je ne voudrais pas mourir. — Tu as bien le temps de penser à cela. — Mais je ne voudrais pas mourir, même quand je serai très vieille. — On revit dans un autre monde. — J'aimerais mieux revivre dans celui-ci. » Quatre jours plus tard, au lever, les mots « toute la vie » entendus dans une phrase lui firent pousser cette exclamation : « Oh! j'ai encore beaucoup de vie à vivre ». Puis un instant après, sans autre réflexion de personne : « Quel dommage qu'on ne meure pas tous dans une même boîte! — Pourquoi? —

Parce que avec papa, maman, Jô, Emmi, nous pourrions nous embrasser. » Et encore, après un silence : « Est-ce qu'on pourrait causer? » Voilà la mort qui se réduit à la cessation d'un état après lequel la vie continue. Puis cette notion, saisie en quelque sorte par l'instinct, entra dans une nouvelle phase. Elle trouva dans le sentiment des raisons supérieures de croire à la perpétuité de l'être. A cinq ans, elle était assise un soir sur les genoux de son père. Celui-ci dans la conversation générale laissa échapper ces mots : « Quand je serai mort... » Elle redressa vivement la tête et dit avec un accent plein d'émotion : « Quand tu seras mort? tu ne seras jamais mort... nous nous aimons ». C'est la protestation du cœur, l'affection n'a pas de fin. Elle n'a pas de commencement non plus. Combien de fois, entendant parler des années qui ont précédé sa naissance, nous a-t-elle demandé : « Pensiez-vous déjà à moi? M'aimiez-vous déjà? » Entre sept et huit ans, imaginant toutes sortes de solutions à ce problème de la naissance qui la tourmentait fort, elle s'arrêta à ceci : « Ce sont peut-être les morts qui renaissent. Moi, je crois qu'on doit trouver les petits enfants dans le voisinage des cimetières ». Probablement elle avait été aidée à former cette conception par cette circonstance qu'on dépose le cercueil dans la terre comme la semence. Saint Paul, pour faire accepter la résurrection des morts aux Corinthiens, ne la comparait-il pas au miracle de la germination du grain de blé? Encore aujourd'hui, à neuf ans, ma sœur, dans son imagination, voit les tombes se couvrir d'enfants, comme au printemps les arbres de fleurs...

De très bonne heure son esprit s'est trouvé tourné à la réflexion. Elle avait quatre ans quand son père lui dit : « Tu diras toujours ce que tu penses, n'est-ce pas? — Oui, répondit-elle, mais qu'est-ce qu'il faut penser? » Un jour, je la surpris absorbée dans une méditation (six ans et cinq mois). « Emmi, me dit-elle, il y a des moments où cela me semble drôle, l'existence! — L'existence, sais-tu seulement ce que c'est? — Enfin toutes les choses qui existent, les arbres, les plantes... tout cela me semble drôle. » Une autre fois, vers le même âge, elle demanda : « Si j'allais jusqu'à l'étoile la plus éloignée, est-ce que j'apercevrais la fin du monde? — Non, le monde n'a pas de fin. — Et si je continuais à marcher pendant très longtemps? — Tu pourrais marcher toujours. — Mais si je faisais encore après des millions et des millions de lieues... » Et on ne pouvait plus l'arrêter... Elle nous interrogeait aussi sur l'autre vie et sur Dieu. La première fois qu'elle fut initiée aux questions de religion (huit ans et demi), ce fut par les leçons d'histoire qui lui donnèrent un aperçu très sommaire des civilisations de l'antiquité et particulièrement de leurs religions. Six mois après avoir entendu les leçons, le souvenir lui en revenant, elle fit spontanément cette réflexion (neuf ans) : « Puisqu'il y a du bon dans toutes les religions, le mieux serait d'être de toutes à la fois. » Cet éclectisme n'est guère praticable, et j'ai dû commencer à la conduire à l'église. Un des premiers sermons qu'elle y a entendus a donné lieu entre elle (neuf ans et demi) et ses parents à une conversation qui me paraît contenir quelques traits vraiment curieux. Ce sermon s'était terminé par le récit des apparitions de Jésus-Christ à ses apôtres après la résurrection. J'avais demandé tout de suite à l'enfant son impression, elle m'a dit : « Je n'en ai pas. » Mais le soir, l'excitation de l'après-midi passée à Paris agissant, elle lança brusquement cette question à son père : « Crois-tu que Jésus-Christ soit ressuscité ? » Et elle avait couru se placer juste en face de lui, son regard plongeant dans ses yeux pour y surprendre sa pensée sans lui donner le temps de se reconnaître. A la réponse évasive qu'on ne peut pas trop savoir comment cela est arrivé, elle répliqua par cette seconde question : « Mais penses-tu que cela soit possible? » Nouvelle réponse vague : « Pour les prêtres qui croient que Jésus-Christ est Dieu, c'est possible, puisque tout est possible à Dieu. » Elle : « Et si Jésus-Christ n'était pas Dieu? » Son père : « Alors il se pourrait que n'étant pas mort tout à fait, il eût été ramené à la vie par les soins de ses apôtres. D'ailleurs les prêtres te donneront leurs raisons; tu verras si tu les trouves bonnes ». D'un air très inquiet : « Si je ne les trouve pas bonnes, et que je le leur dise, est-ce que je ne serai pas chrétienne ? » Son père la rassura en lui disant que pour l'être il suffit de bien comprendre et de mettre en pratique les enseignements de l'Évangile. « Oui, dit-elle, mais si on était sûr que Jésus-Christ est Dieu on serait sûr qu'il ne s'est pas trompé, tandis qu'un homme peut toujours se tromper. » On lui dit qu'elle reconnaîtrait elle-même que c'étaient des paroles de vérité celles par lesquelles Jésus apprenait aux hommes à être charitables et à s'aimer les uns les autres. Elle retombait toujours sur la même idée : « Je veux savoir s'il est Dieu et s'il est ressuscité. Si Dieu est ressuscité, il est capable de tout, il peut entrer cette nuit dans ma chambre. Je n'aurais pas peur de lui, puisque c'est le bon Dieu et qu'il ne peut faire de mal à personne. » Quelques instants après : « Et puis, on croit que c'est un bon Dieu qui a fait tout, cela n'est pas prouvé... Tout le monde aurait pu se tromper, et que ce soit un méchant. » Sa mère essaya alors de la calmer, lui rappelant que les preuves de la bonté de Dieu se rencontrent partout, lui disant : « Comment peux-tu avoir une pareille idée, toi qui n'as jamais manqué de rien, qu'on a entourée de tant de soins et aimée autant qu'on a pu ? » Enfin, répliqua-t-elle vivement, cela n'est pas officiel. » Sa mère lui fit remarquer encore que les personnes qui acceptent simplement ce qu'on leur enseigne à l'église sont très heureuses, et que le mieux pour les enfants, c'est de les imiter. L'excitation allait toujours croissant, on l'avait couchée et on voulait la faire dormir; mais elle réclamait qu'on lui laissât de la lumière, parce que ces mystères-là l'effrayaient. Son père finit par lui dire qu'il est moins important de savoir comment Dieu est que de savoir ce qu'on doit faire, que c'est là l'essentiel. « Eh bien, moi je trouve qu'il est très important de savoir ce que nous deviendrons après notre mort, pour savoir comment nous devons nous conduire pendant notre vie. » Elle ne s'endormit qu'à minuit, avec cette pensée au cœur qui paraissait la faire souffrir réellement... Entre toutes ces réflexions, celle-ci : « Tout le monde aurait pu se tromper

et que ce soit un Dieu méchant », ne paraît-elle pas pour un
enfant d'une hardiesse singulière... Pascal avait écrit : « En
regardant tout l'univers muet j'entre en effroi comme un
enfant qui... » Il a changé pour mettre « comme un homme. »
Quand on a vu la détresse d'une petite fille de neuf ans
luttant contre cette obscurité des choses et ne trouvant
pas la lumière auprès de ceux de qui elle l'attendait, on
arrive à penser que la première expression était peut-être
la plus forte... Récemment encore elle a concentré en une
parole très significative cette inquiétude de l'infini impé-
nétrable qui la tourmente : « C'est toujours du côté de
Dieu que j'ai peur. »

J'ai insisté sur le développement intellectuel de cette
petite fille. Je tiens à terminer avec ce mot qu'elle a
inventé avant-hier soir : « Tu es donc un petit penseur?
lui disais-je en riant. — Oui, et un aimeur. »

CINQUIÈME LEÇON

La femme : sensibilité générale.

La jeune fille. — Prédominance de la sensibilité chez la femme. — Une objection de Lombroso. — Témoignage de la graphologie. — Violence des passions chez la femme. — Son goût pour les spectacles émouvants. — L'amour source de toutes ses vertus et de toutes ses fautes. — Conséquences pour l'éducation.

Après la petite fille, nous devrions, semble-t-il, consacrer une leçon au moins à étudier la jeune fille dans ce que Mgr Dupanloup appelle l'âge ingrat, c'est-à-dire dans la transition même de l'enfance à la jeunesse, avant, pendant et immédiatement après la crise de la puberté. C'est ce que fait cet auteur, avec beaucoup de pénétration et de finesse, dans des chapitres qui sont parmi les meilleurs de son livre et où abondent les observations utiles. En effet nous n'aurons garde de glisser sur ce qui, psychologiquement, caractérise la jeune fille comme telle. Loin de laisser perdre les observations

acquises, nous les utiliserons, le moment venu, et
nous y ajouterons les nôtres. Mais il nous a paru
que cela viendrait mieux à sa place plus tard, dans
la partie pratique de ce travail, quand nous serons
aux prises avec les questions précises et les difficultés propres de l'éducation des jeunes filles.

Pour le moment, que faisons-nous? Nous faisons l'étude purement théorique de la psychologie
de la femme en général, de la féminité, en quelque
sorte. Si nous nous sommes arrêté à observer la
petite fille, c'était uniquement dans l'espoir de voir
paraître en elle, plus purs en quelque sorte, les
linéaments essentiels de la nature féminine. Mais
c'est à la femme elle-même, à la femme faite, que
notre méthode nous presse d'en venir au plus vite,
pour redescendre ensuite de la théorie à la pratique,
et revenir vers l'âge que l'éducation doit gouverner.

De l'adolescence, par conséquent, je ne dirai rien
pour le moment, si ce n'est ce que tout le monde
en sait et qui tient en quelques mots, quoique ce
soit d'une singulière importance : c'est que cette
éclosion, cet épanouissement presque soudain de la
femme dans la petite fille est une crise capitale,
hasardeuse quelquefois, toujours décisive dans sa
vie. Elle n'en est pas consciente, et il vaut infiniment mieux qu'elle ne le soit pas ; mais il faut l'être
pour elle et veiller. Plus on peut rendre léger,
inaperçu, le trouble général qui s'empare d'elle
alors, mieux cela vaut. Le calme, la paix absolue,

telle est la meilleure condition pour que cette
transformation, toujours délicate, même quand elle
est douce, s'opère sans accidents.

Elle est aussi décisive au moral qu'au physique.
C'est le moment où toutes les facultés se dévelop-
pent soudain, ou plutôt prennent leur orientation
définitive et trouvent leur assiette, où le caractère
surtout prend la sienne, non sans difficulté quelquefois. Car ces mots *épanouissement, éclosion* ne sont
que des métaphores, justes d'ailleurs, en somme,
quand les conditions sont toutes favorables et que
tout va à souhait. Mais le coup de théâtre n'est pas
toujours féerique, et le développement soudain dont
il s'agit n'est pas toujours et dans tous les sens un
progrès. Le caractère, par exemple, ne gagne pas
nécessairement. Il peut rester aigri, fantasque, garder quelque chose du trouble accidentel qu'il tra-
verse, si la crise dure trop et n'est pas franche ; mais
il est relativement formé, et se laisse voir tel qu'il
sera. De même l'esprit mûrit soudain à un point et
avec une rapidité dont le garçon n'approche pas.
A lui il faudra des années pour s'intéresser aux
choses sérieuses, pour devenir raisonnable. La
jeune fille l'est d'emblée,... si elle doit l'être. Pendant combien de temps encore le garçon jettera-t-il
sa gourme, comme on dit? On est effrayé quelquefois à penser quelle dépense de folie exige la formation d'un homme rassis. Pour la jeune fille, on
dirait que la crise de la puberté la fait rentrer en

elle-même ; elle devient plus réservée et plus timide ;
c'est par la retenue et la défiance de soi, peut-on
dire, qu'elle commence à être femme. Enfin la sensibilité, faculté maîtresse de la femme, atteint
presque tout de suite chez la jeune fille tout son développement. Et nous pouvons commencer par là notre
étude des caractères psychologiques de la femme.

Tous les observateurs sont d'accord sur ce point,
qu'ils soient hostiles ou favorables à la femme, qu'ils
lui fassent un mérite ou un grief de sa sensibilité :
le sentiment est son triomphe. Il la caractérise si
notoirement qu'Auguste Comte, par exemple,
appelle la femme « le sexe affectif ».

Par sensibilité, j'entends ici selon le sens très
général à la fois et très précis qu'a ce mot dans
la psychologie française, la faculté d'être ému, de
jouir et de souffrir, par conséquent de désirer et de
craindre, d'aimer et de haïr ; la vivacité des émotions de peine ou de plaisir ne s'expliquant que
par celle des tendances, soit des inclinations primitives et naturelles, soit des passions plus ou moins
acquises. Je dis que cette faculté est, en moyenne,
beaucoup plus développée chez la femme que chez
l'homme, plus développée relativement surtout,
c'est-à-dire qu'elle tient plus de place et joue un plus
grand rôle dans sa vie. Insistons d'abord sur ce fait
général, sur les signes et les preuves que nous en
avons ; nous verrons ensuite comment il pourrait

s'expliquer; puis nous signalerons non pas toutes les formes de cette sensibilité (le détail en serait infini), mais ses manifestations les plus intéressantes. Après quoi, l'importance pédagogique de la question ne pourra faire doute pour personne et nous verrons, comme toujours, des conclusions pratiques résulter de la pure psychologie.

On ne peut juger qu'à ses effets la vivacité des émotions, et ces effets, ce sont toujours en fin de compte des réactions physiques; les changements de visage, la pâleur et la rougeur, les troubles de la respiration et de la circulation, les cris, les larmes, le rire dans ses mille variétés, les altérations de la voix, les gestes, la démarche, l'arrêt ou le cours précipité des paroles, autant de signes de l'émotion intime, et signes peu trompeurs pour un observateur exercé.

Tous ces signes suffiraient, semble-t-il, à nous permettre d'affirmer l'extrême sensibilité de la femme et de la jeune fille, comme ils nous ont permis d'affirmer celle de la petite fille. Qu'elle boude, ou qu'elle ait de soudaines allégresses, qu'elle rie ou qu'elle pleure, qu'elle s'exprime avec volubilité et expansion, qu'elle caresse, câline, embrasse, ou qu'au contraire, piquée, elle se renferme et se taise, qu'indignée elle sanglotte, ou bien que le jeu de sa physionomie trahisse seul son état intérieur..., la petite fille déjà, la jeune fille surtout, la femme enfin, à tout âge, n'est à peu près jamais

indifférente, n'est pas une minute sans aimer ou
haïr quelque chose ou quelqu'un, sans avoir
quelque émotion dans le cœur.

Mais ces signes, ne peut-on pas les récuser?
Voici en effet qu'on les récuse. Le professeur italien César Lombroso, bien connu par sa théorie
du prétendu « type criminel », a écrit récemment
sur la sensibilité, ou plutôt l'insensibilité des
femmes. C'est de l'insensibilité physique qu'il
s'agit. Pour ce qui est d'abord de la finesse des
sens, il rapporte des expériences, dont je parlerai
peut-être ailleurs, et d'après lesquelles elles auraient
le goût, par exemple, et l'odorat surtout, de deux à
cinq fois plus grossiers que les hommes. Et il
explique par là l'abus quelles font des parfums :
elles en mettent trop, dit-il, parce qu'elles les sentent moins. Nous savons que l'explication du fait
est bien plutôt dans l'effet de l'accoutumance. Il
invoque ensuite le témoignage, unanime selon lui,
des chirurgiens, qui affirment que la femme supporte mieux que l'homme la douleur des opérations. Billroth conseille, en conséquence, *d'essayer*
toujours sur les femmes les opérations nouvelles, parce qu'étant moins sensibles, elles sont
plus résistantes. Cela serait assez conforme à
cette remarque connue de Balzac : « La femme a
une plus grande appréhension des douleurs; mais,
lorsqu'elles arrivent, elle les supporte mieux que
l'homme. » Il est notoire également qu'elle sait

bien mieux conserver le calme auprès des malades.
Il est vrai que ni vous ni moi ne nous serions
avisés d'attribuer ce fait à une moindre sensibilité;
nous aurions cru simplement soit à une plus grande
souplesse d'adaptation de sa part, soit à plus
d'empire sur soi. Mais Lombroso n'hésite pas, ni
son compatriote Sergi; et le Dr de Varigny s'appro-
prie leur point de vue presque sans réserves. Ils
se félicitent simplement de cette immunité relative
de la femme à l'égard de la douleur physique, vu
la part incomparablement plus grande que la vie
lui en réserve. Si vous dites à ces savants que bien
souvent cependant, que le plus souvent même les
femmes réagissent d'une façon plus expansive que
les hommes contre la douleur, vous ne les embar-
rassez pas pour si peu; c'est à Lombroso lui-
même que j'emprunte la réponse : ils disent
qu'elles « n'ont pas une plus grande sensibilité,
mais une plus grande irritabilité ». Cette distinc-
tion a-t-elle un sens? Et quand la femme donne les
mêmes signes de douleur que nous et de plus
expressifs, peut-on savoir qu'elle n'éprouve pas
réellement autant de douleur? Leur raison unique
de le nier (car la résistance peut être un privilège
organique, et ne prouve rien par elle seule), c'est
l'empire des femmes sur les signes extérieurs de
l'émotion, leur don de feindre, tout spécialement
« la faculté qu'ont certaines d'entre elles de pleurer
à leur gré ».

plus rapides et vont plus vite », selon Thomas (*Essai sur les femmes*). Un humoriste a dit qu'elles sont comme les capsules, dont la tête et le cœur s'enflamment mutuellement et simultanément. Chez tous les moralistes vous retrouverez le même caractère mis en saillie, à savoir le tour passionnel que prennent toutes choses pour les femmes, et l'emportement de leurs émotions. « Un défaut bien plus ordinaire dans les filles (plus ordinaire que la feinte), dit Fénelon, c'est celui de se passionner pour les choses même les plus indifférentes. Elles ne sauraient voir deux personnes qui sont mal ensemble sans prendre parti dans leur cœur pour l'une contre l'autre; elles sont toutes pleines d'affections ou d'aversions sans fondement. Elles n'aperçoivent aucun défaut dans ce qu'elles estiment, ni aucune bonne qualité dans ce qu'elles méprisent. »

De là vient sans doute qu'elles sont « extrêmes en tout », selon le même Fénelon; extrêmes dans le mal comme dans le bien (et souvent les mêmes), selon la loi connue, *optimi pessima corruptio*; extrêmes dans la haine comme dans l'amour. Combien de fois n'a-t-on pas fait la remarque que dans les troubles publics ce sont toujours des femmes qui se montrent le plus exaltées, le plus hardies, le plus implacables, le plus ardentes à jeter de l'huile sur le feu. Elles vont ainsi, avec une facilité singulière, des dernières limites de l'amour dévoué à celles de la haine furieuse. Il y a

un milieu, bien entendu, pour elles comme pour
l'homme; mais elles s'y tiennent moins ordinairement et moins volontiers, au fond, même quand
elles en ont l'air. Et même elles ne tiennent pas
toujours à en avoir l'air; car ce qui caractérise le
tempérament émotif, c'est de se complaire en lui-
même, selon la confession de saint Augustin :
amabam amare. Beaucoup de femmes avouent leur
goût pour les émotions fortes; même un peu de
crainte, même le frisson du terrible ne leur déplaît
pas. « Il y a des femmes qui sont tellement à
la recherche des émotions, dit un personnage
d'Octave Feuillet, qu'elles aiment mieux un
malheur qu'une situation tranquille. » Toutes, je
crois, aiment à la passion le théâtre, et au théâtre
les situations émouvantes, dramatiques. Ce ne
sont pas elles qu'on entend se plaindre de l'excès
du tragique dans un spectacle. J'ai vu des hommes
(dont un des plus illustres, avec qui il m'est arrivé
d'assister à des courses de taureaux en Espagne)
profondément dégoûtés et indignés par ce spectacle
magnifique à la fois et abominable : je n'ai pas
trouvé une femme, pas une jeune fille qui ne
l'aimât. J'ai vu les plus douces et les plus frêles en
suivre avec ardeur les péripéties, ne pas perdre un
coup d'épée ou un coup de corne, même quand avec
de petits cris terrifiés elle se cachaient la figure
dans leur éventail et ne pouvaient soutenir la vue
du combat qu'en le regardant à travers les branches.

plus rapides et vont plus vite », selon Thomas (*Essai sur les femmes*). Un humoriste a dit qu'elles sont comme les capsules, dont la tête et le cœur s'enflamment mutuellement et simultanément. Chez tous les moralistes vous retrouverez le même caractère mis en saillie, à savoir le tour passionnel que prennent toutes choses pour les femmes, et l'emportement de leurs émotions. « Un défaut bien plus ordinaire dans les filles (plus ordinaire que la feinte), dit Fénelon, c'est celui de se passionner pour les choses même les plus indifférentes. Elles ne sauraient voir deux personnes qui sont mal ensemble sans prendre parti dans leur cœur pour l'une contre l'autre; elles sont toutes plein· s d'affections ou d'aversions sans fondement. Elles n'aperçoivent aucun défaut dans ce qu'elles estiment, ni aucune bonne qualité dans ce qu'elles méprisent. »

De là vient sans doute qu'elles sont « extrêmes en tout », selon le même Fénelon; extrêmes dans le mal comme dans le bien (et souvent les mêmes), selon la loi connue, *optimi pessima corruptio*; extrêmes dans la haine comme dans l'amour. Combien de fois n'a-t-on pas fait la remarque que dans les troubles publics ce sont toujours des femmes qui se montrent le plus exaltées, le plus hardies, le plus implacables, le plus ardentes à jeter de l'huile sur le feu. Elles vont ainsi, avec une facilité singulière, des dernières limites de l'amour dévoué à celles de la haine furieuse. Il y a

un milieu, bien entendu, pour elles comme pour
l'homme; mais elles s'y tiennent moins ordinairement et moins volontiers, au fond, même quand
elles en ont l'air. Et même elles ne tiennent pas
toujours à en avoir l'air; car ce qui caractérise le
tempérament émotif, c'est de se complaire en lui-
même, selon la confession de saint Augustin :
amabam amare. Beaucoup de femmes avouent leur
goût pour les émotions fortes; même un peu de
crainte, même le frisson du terrible ne leur déplaît
pas. « Il y a des femmes qui sont tellement à
la recherche des émotions, dit un personnage
d'Octave Feuillet, qu'elles aiment mieux un
malheur qu'une situation tranquille. » Toutes, je
crois, aiment à la passion le théâtre, et au théâtre
les situations émouvantes, dramatiques. Ce ne
sont pas elles qu'on entend se plaindre de l'excès
du tragique dans un spectacle. J'ai vu des hommes
(dont un des plus illustres, avec qui il m'est arrivé
d'assister à des courses de taureaux en Espagne)
profondément dégoûtés et indignés par ce spectacle
magnifique à la fois et abominable : je n'ai pas
trouvé une femme, pas une jeune fille qui ne
l'aimât. J'ai vu les plus douces et les plus frêles en
suivre avec ardeur les péripéties, ne pas perdre un
coup d'épée ou un coup de corne, même quand avec
de petits cris terrifiés elle se cachaient la figure
dans leur éventail et ne pouvaient soutenir la vue
du combat qu'en le regardant à travers les branches.

« C'est affreux, n'est-ce pas, monsieur, me disait une femme très mûre, c'est peut-être la quarantième fois que je vois ces horreurs. Je ne pourrai jamais m'y faire. »

Je ne les accuse pas ici, notez-le bien, de dureté ni de cruauté spéciale. Il y a mille causes réunies d'excitation avouable dans ces fêtes de la lumière et de la couleur, où l'entrain, le mouvement de la foule, l'émotion contagieuse qui la soulève, la chaleur du soleil, la splendeur des costumes, la nouveauté de tout cela pour une Française, causent très naturellement une ivresse qui n'est pas un crime. Je constate seulement que pour les femmes elle est irrésistible.

Est-il besoin de multiplier les exemples particuliers de l'émotivité féminine? La vivacité soudaine et la violence impérieuse de leurs désirs ne sont pas constatées seulement par les satiriques : j'en trouve l'aveu chez les plus graves d'entre elles. « Plus douces que patientes, dit Mme de Rémusat (*Éducation des femmes*, p. 36), la privation nous est plus supportable que l'attente d'une espérance retardée. » Oui, leur patience est admirable, si l'on entend par là la résignation à l'inévitable, l'aptitude à supporter et à subir; mais dès qu'elles espèrent, c'est avec impatience et ardeur; dès que le désir se fait jour chez elle, il s'emporte; et toutes leurs énergies font balle du côté où il attend sa

satisfaction. Et leurs désirs, précisément sans doute
parce qu'ils sont ainsi explosifs, se laissent peu
restreindre par la juste considération des possibi-
lités et des difficultés : « Elles rêvent, dit Octave
Feuillet, quelque chose de mieux que le bien et de
pire que le mal. » La mesure n'est pas leur fait, ni
la froideur du jugement.

Et leurs craintes sont comme leurs désirs, soudaines, sans mesure, avec cette différence qu'elles
n'ont pas besoin d'être précises pour être acca-
blantes. Il nous arrive dans la maladie d'avoir de
soudaines défaillances, de vagues appréhensions
sans cause précise ni objet net. Cet état chez la
femme est beaucoup trop fréquent. « Oh! femme,
dit un poète, être né pour la douleur et pour la
crainte! »

Diderot, qui a bien vu tous ces traits (« J'ai vu,
dit-il, l'amour, la jalousie, la colère portées dans
les femmes à un point que l'homme n'éprouva
jamais »), en propose une explication bien vrai-
semblable : « Les distractions d'une vie occupée et
contentieuse trompent nos passions (c'est-à-dire
les atténuent en y faisant diversion). La femme
couve les siennes. C'est un point fixe sur lequel
son oisiveté ou la frivolité de ses fonctions tient
son regard toujours attaché. Ce point s'étend sans
mesure, et, pour devenir folle, il ne manquerait à
la femme passionnée que l'entière solitude qu'elle
recherche. »

Laissons de côté la folie, terme extrême des passions, en effet. C'est une question de savoir si elle est plus fréquente chez les femmes; mais elle a tant d'autres causes, qu'il faudrait pour nous éclairer ici une statistique tout à fait minutieuse et nuancée. Ce qui nous intéresse, c'est uniquement d'ailleurs le fait général, lequel n'est pas douteux. L'explication ne l'est guère plus. Comme cause de cette suprême sensibilité des femmes, il semble bien qu'on puisse assigner à coup sûr, après la constitution elle-même et les raisons physiques de moindre stabilité nerveuse, la vie plus sédentaire, moins active au dehors, plus souvent oisive tout à fait. Rien de plus connu que la fermentation des sentiments dans l'inaction, que l'exaltation intime des passions qui couvent au dedans, sans diversion extérieure. Chez l'homme aussi, les sentiments, dans ces conditions, tournent en idées fixes, s'exaltent ou s'enveniment, et se subordonnent toute l'activité mentale.

Quelle est maintenant la direction dominante, l'orientation principale de cette vive sensibilité? Est-ce plutôt l'amour? Est-ce plutôt la haine? Il n'y a point de doute, ce me semble. Tout se tient dans la sensibilité, qu'elle soit masculine ou féminine; mais chez l'homme déjà, en général, chez la femme à bien plus forte raison, ce qui est fondamental dans la sensibilité, c'est l'amour. De là

vient que la grande majorité des auteurs qui ont
constaté le fait de la prédominance du cœur chez
les femmes, tout naturellement ont pris le mot en
bonne part, et entendu par là le besoin d'aimer, la
tendresse, la pitié, bref l'amour. La haine, la vengeance, la colère, toutes les passions irascibles
s'éveillent, certes, chez la femme, et terribles, nous
venons de le dire ; mais d'une manière secondaire
seulement et consécutive à l'amour. Naturellement
plus tendres que les hommes, elles sont très dures
à l'occasion, mais rarement pour tout le monde,
presque toujours uniquement pour ce qui vient à
l'encontre de leur amour. Elles sont alors non pas
froides, non pas indifférentes, mais dures d'une
manière active, méchantes, si l'on veut, vindicatives. C'est un autre effet de ce besoin d'aimer qui
est leur fond.

Leur fond à l'exclusion de tout égoïsme? Non,
bien entendu : nous ferons tout à l'heure la part
de l'égoïsme en elles et de l'altruisme. Il ne s'agit
ici que des tendances prédominantes.

Les affections tendres sont si bien fondamentales
dans la femme, que là est la source de leurs plus
grandes vertus à la fois et de leurs plus grandes
fautes, le principe de leur force d'une part et de
leurs plus graves faiblesses. Le dévouement des
femmes quand elles aiment atteint tout naturellement à une hauteur inaccessible pour l'homme.
Elles sacrifient parfois, il est vrai, à leur amour

jusqu'à ce qui ne devrait jamais être sacrifié; mais cela même n'est pas sans beauté en certains cas; et G. Sand a bien raison de dire qu'il y a telle femme perdue qui vaut mieux que certains sages, mieux que les hommes qui lui jettent la pierre.

L'amour est leur suprême intérêt, et rien ne les intéresse, pourrait-on presque dire, que par quelque rapport visible ou caché avec l'amour. C'est ce qui fait et fera toujours du roman le plus populaire de tous les genres littéraires. Il est leur lecture de prédilection parce qu'il les entretient de ce qu'elles ont le plus à cœur, de ce qu'elles ont seul à cœur pour ainsi dire. Et elles ne souffrent pas qu'il les entretienne d'autre chose. Rien ne les ennuie, pas même les analyses les plus subtiles, la métaphysique la plus quintessenciée, quand c'est de l'amour qu'il s'agit.

Tout languit en dehors de là, et leurs yeux se détournent ou ne font que courir sur les pages. « Les femmes, dit un critique contemporain, ne cherchent jamais dans un roman que leur propre secret et celui de leurs rivales ». Je ne sais; mais je crois qu'il n'est pas besoin qu'elles aient un secret ni des rivales pour s'y plaire. Il leur rappelle leur amour si elles en ont; mais il leur en tient lieu, leur en donne l'illusion et l'émoi, si elles n'en ont pas. Je ne dirai pas non plus avec le même critique que les romans sont aujourd'hui, au point que l'on sait, frivoles et éphémères parce que le public des romans, « étant femme », est impatient, frivole et oublieux. Mais c'est certainement parce que le public des romans est surtout féminin qu'on a sitôt fait le compte des romans qui ont réussi à intéresser, ou seulement essayé d'intéresser sans parler d'amour.

Maintenant, c'est une chose complexe et originale que l'amour des femmes, j'entends l'amour passionné. Il me semble vraiment différer par un trait au moins de l'amour des hommes. On ne conçoit pas qu'un atome de crainte se mêle à l'amour dans le cœur d'un homme; la crainte nous glace et tue chez nous l'amour, qui est essentiellement dominateur et protecteur. Au contraire il y a volontiers, il y a peut-être toujours un peu de crainte dans l'amour passionné de la femme. « Elles n'aiment pas à la passion l'homme dont elles font tout ce qu'elles veulent ». (George Eliot, *Scenes of clerical life*.)

Elles sentent bien qu'on ne s'appuie que sur ce qui résiste. Et à bon droit elles méprisent l'homme dont elles font un jouet sans nulle peine.

On considère aussi communément comme caractéristique de l'amour féminin « l'attrait du fruit défendu ». « Tel est, dit Octave Feuillet, l'attrait du fruit maudit, que les honnêtes femmes mêmes ne peuvent se résigner à mourir sans y avoir donné un coup de dent. » Mais est-ce bien vrai? je ne parle pas de cette malice finale qui n'est qu'une plaisanterie, mais de cette prétendue loi, que les femmes en général éprouvent plus fortement l'attrait du défendu? Hommes et femmes, nous sommes tous plus tentés par ce qui est défendu, et cela pour mille raisons. Le défendu d'abord n'est défendu que parce qu'il est tentant; sans quoi l'on ne prendrait pas la peine de le défendre. Puis l'obstacle irrite la passion, comme le barrage augmente la poussée de l'eau. Ainsi de suite. J'accorderai cependant, tout bien posé, que la femme sent réellement plus d'attrait pour ce qui ne lui est pas permis. Cela résulte d'abord de ce qui précède, s'il est vrai qu'un peu de crainte se mêle volontiers à son amour et en est comme l'assaisonnement. Puis ayant moins d'actives diversions, étant davantage la proie de sa sensibilité, elle a moins de défense contre la tyrannie des images que le sentiment lui suggère, elle est plus suggestible, comme on dit aujourd'hui dans le langage de la psychologie physiologique. Il y a plus : la défense même la suggestionne, la fait penser davantage à ce qui la tente, donne à la tentation une force irrésistible, et risque d'amener le vertige. Aussi pouvons-nous énoncer dès maintenant un des principes essentiels de notre pédagogie générale : il ne faut, dans l'éducation, défendre que le moins possible. Et ce principe trouve particulièrement son emploi dans l'éducation des filles, où l'on est plus tenté encore de défendre beaucoup, —

mais où l'on risque plus aussi de donner l'idée du
mal en le défendant, et de faire naître avec l'idée le
désir féminin, dont on ne peut jamais dire jusqu'où
il ira, dont on n'est surtout jamais bien sûr d'avoir
raison.

Bien d'autres conclusions, se dégageraient, si
c'était le moment, de ces données générales. Il est
clair que l'éducation des filles devra d'abord fortifier en elles tout ce qui peut faire contrepoids à
cette excitabilité nerveuse, à cette émotivité si vive,
pour soumettre leur sensibilité au contrôle de la
raison. La raison et le cœur ne s'opposent pas
nécessairement. Chaque sexe sans doute penchera
toujours plus d'un côté. Mais l'éducation peut et
doit essayer de donner à l'amour dans la femme la
raison et la justice pour règle, et d'attacher à la
froide raison de l'homme les ailes de l'amour.

SIXIÈME LEÇON

La sensibilité féminine (suite) :
Tendances égoïstes.

Les diverses formes de l'égoïsme. — La sensualité. — L'attachement à la vie. — L'avarice. — La vanité. — La coquetterie.
— Le goût de la parure. — La jalousie et l'envie. — L'ambition
et le besoin de dominer.

Nous n'avons encore considéré que la sensibilité
générale, l'émotivité vive et profonde, comme
caractéristique à un très haut degré de la nature
féminine. Il faut rechercher maintenant, avec quelque détail, les tendances dominantes de cette sensibilité, les directions qu'elle prend le plus fréquemment, les pentes sur lesquelles elle est le plus
sujette à glisser.

En terminant la dernière leçon, nous avons
conclu que la femme représente surtout en ce
monde l'amour avec ses défauts et ses qualités, le
cœur et ses passions; tandis que l'homme représente plutôt la Justice et la pensée froide. Mais

c'est là une vue trop générale et tout approxima-
tive, qui serait même très inexacte si, prenant uniquement le mot amour au sens le plus fort et le
plus noble, on entendait que la femme est exempte
de tout égoïsme. Entièrement exempt d'égoïsme,
nul être humain ne l'est naturellement. Si tant est
que cet état d'absolu désintéressement soit possible, il ne peut être que le triomphe de la volonté
bonne, la récompense d'une longue lutte contre
nos tendances inférieures. Ces tendances inférieures, aucun sexe n'en est exempt. La femme, à
sa manière, mais comme l'homme, et sans doute
autant, quoique autrement, subit cette loi universelle des vivants qui veut qu'ils s'aiment eux-
mêmes premièrement. A vrai dire, un certain
nombre de psychologues et d'observateurs représentent, au contraire, la femme comme un être
essentiellement égoïste. Ainsi fait Fénelon, ou peu
s'en faut. « Les femmes, dit Mme Guizot, ne s'intéressent aux choses que par rapport à elles-mêmes ».
Et Mme Necker de Saussure constate que chez les
jeunes filles, chez les jeunes filles du monde tout
au moins, d'une éducation élégante et raffinée, « le
désir de plaire et d'être aimées l'emporte de beaucoup sur la faculté d'aimer.... » « A un autre âge
sans doute, ajoute-t-elle, la nature reprend ses droits
sur le cœur des femmes; mais souvent la victoire
est assez douteuse. » Jeunes filles ou jeunes
femmes, la majorité peut-être des héroïnes du

roman contemporain sont des femmes de très peu
de cœur, ou qui n'ont guère dans le cœur que ce
« violent désir de plaire » dont parle Fénelon; des
coquettes froides et vides, incapables d'aimer autre
chose qu'elles-mêmes. Guy de Maupassant, par
exemple, nous en peint une en traits sobres et
vigoureux dans *Notre cœur* : « Aucun goût vif et
spontané; nul sens artistique; pas même de sensualité intelligente, rien qu'un culte de soi à la fois
sec et effréné ». Il y a aussi de tels types de femmes
chez Alphonse Daudet. Dans *l'Immortel*, la femme
est représentée « comme un enfant détraqué, avec
tout le pervers, tout le mauvais de l'enfant, ses
instincts de tricherie, de menterie, de taquine-
rie, de lâcheté... Et gourmande! et vaniteuse! et
curieuse! »

Ce sont là des peintures satiriques; du moins ce
sont des cas extrêmes, des types littéraires poussés
au noir à plaisir; mais qui oserait dire que cela ne
répond à rien dans la réalité? La vérité est, je le
répète, que l'amour de soi est notre fond naturel;
les deux sexes, à cet égard, sont, comme on dit,
logés à la même enseigne. Le sacrifice et l'oubli de
soi ne sont si beaux que parce qu'ils ont à vaincre
cette tendance contraire, à soulever ce poids mort de
l'égoïsme. Il ne peut donc y avoir ici qu'une question de degré et d'orientation particulière. L'égoïsme
de la femme diffère-t-il de celui de l'homme, et en
quoi? voilà ce que nous avons à chercher.

Procédons des formes les plus basses de l'égoïsme aux formes les plus raffinées. J'appelle basses celles qui sont aux trois quarts physiques, et tiennent aux appétits corporels, aux besoins mêmes de l'organisme; relativement élevées ou raffinées, les tendances d'un caractère tout ou presque tout spirituel.

D'une manière générale, le gros égoïsme, à forme basse et toute matérielle, semble être moindre chez les femmes. Elles ont moins de besoins et des besoins moins impérieux, soit par nature, soit plutôt peut-être par habitude de se contenir, de résister à leurs appétits, tandis que l'homme cède aux siens sans frein et sans vergogne, sa force et sa qualité de maître le dispensant plus de s'observer. C'est ainsi qu'elle est bien moins que lui, en moyenne, esclave de sa bouche, de son estomac, de ses sens. On pourrait dire, il est vrai, qu'elle est plus sous la dépendance de son odorat, et plus sujette à certaines répugnances du goût. Mais rien n'est moins sûr. Les délicatesses maladives de l'odorat et du goût semblent être surtout acquises par l'éducation, et le fait seulement d'une certaine condition sociale. Telle aussi cette gourmandise spéciale, qu'on appellerait mieux chatterie ou friandise, ce goût des gâteaux et des bonbons, dont on leur fait un reproche assez communément. C'est bien moins, je crois, un cri de leur nature, que le

produit d'une certaine civilisation très spéciale et
de l'habitude. Mettons pourtant, si l'on y tient, que
la sensualité de la femme prend plutôt cette forme
en général, forme bien inoffensive après tout, pendant que celle de l'homme prend toutes les formes
que l'on sait, souvent si grossières. Elle mange
moins, quoiqu'elle ait peut-être besoin de grignoter
plus souvent, elle est par nature infiniment plus
sobre et tempérante que ce terrible mangeur et
buveur. Elle aime plus les gâteaux et les confitures,
soit, — quoique rien ne soit moins certain d'après
mon expérience, — mais elle aime moins les
liqueurs fortes; elle n'a pas réussi, chez nous du
moins, même par fantaisie et par genre, à faire
sien cet invincible et étrange besoin de *fumer*.

Quant à la paresse, qu'on signale encore volontiers comme caractéristique de la femme, nous
y reviendrons à propos de son activité volontaire; comme tendance sensible, tout ce qu'on
peut dire, c'est qu'une certaine mollesse relative
est peut-être en effet plus habituelle aux femmes,
qui sont souvent aussi plus douillettes, plus fri-
leuses et qui craignent plus certains genres de
fatigue. Mais il n'y a peut-être rien là de primitif :
C'est affaire d'habitude et d'éducation. Dans les
pays où les femmes travaillent aux champs, elles
ne sont pas plus molles que les hommes. Qui ne
les a vues, aux Pyrénées, portant sur leur tête
d'énormes charges de bois, de foin, de maïs, et cela

sur des pentes terribles? Et même dans les villes, même dans un autre degré de civilisation, elles sont aussi actives à leur manière, aussi infatigables aux visites, aux devoirs du monde, aux soins domestiques, cumulant tout cela, quelquefois, avec un entrain, une résistance, un ressort qui nous stupéfient. Tout cela, sans parler des fatigues propres à leur sexe et inévitables, et qui appellent des ménagements qui souvent leur sont refusés.

En résumé donc, les besoins et appétits de la femme sont un peu autres que ceux de l'homme, et plutôt moindres, moins impérieux; ils prennent à l'ordinaire une forme moins grossière et moins violente.

Que dirons-nous de ces penchants à moitié corporels encore et déjà à moitié spirituels, comme l'instinct de propriété, l'attachement aux lieux et aux êtres accoutumés, et d'abord l'attachement à la vie, que les psychologues rangent quelquefois dans cette catégorie?

Celui-ci est tellement fondamental qu'il doit être sensiblement le même chez tous dans les conditions normales, et que les différences doivent être sans doute individuelles bien plutôt que sexuelles. Il est vrai que les poètes mettent plutôt dans la bouche des femmes, des jeunes filles, l'expression naïve et touchante de l'amour de la vie : ἡδὺ γὰρ τὸ φῶς λεύσσειν, « il est doux de voir la lumière », dit la jeune fille dans la tragédie grecque. Cela touche de sa part, et choquerait un peu de la part d'un héros, même jeune. Nous voulons l'homme plus fier, plus dur même, plus hardi à braver les dangers. Mais s'il a son courage à lui plus obligatoire, la femme a le sien aussi. Elle ne va pas chercher la mort sur le champ de bataille ou dans les tempêtes; mais elle la brave très allégrement à la maison, au chevet des malades, dans les hôpitaux, dans les rudes épreuves de sa propre vie. Ce sont là ses champs de bataille; et ce courage féminin, que je sache, ne manque pas plus aux femmes, ni plus souvent, que le courage viril aux hommes.

Constatons néanmoins que d'après la statistique des suicides, la femme se tue environ quatre fois moins souvent que l'homme, quelle que puisse être l'explication.

Pour l'attachement aux lieux et aux choses accoutumés, je ne vois rien non plus d'essentiel à signaler. La vie des femmes étant ordinairement plus sédentaire, plus exclusivement domestique, il est tout naturel, et assez ordinaire, par conséquent, qu'elles soient plus attachées au foyer, qu'elles sentent plus de déchirement quand il faut s'éloigner de leur *home*. D'une manière générale, indépendamment même du sentiment de la propriété, elles tiennent tout particulièrement à leurs objets familiers, qui leur sont presque toujours de précieux souvenirs, et qu'elles aiment avec une sorte de supersti-

tion, de piété tout au moins, comme si c'étaient des
fétiches. Rien de plus respectable et de plus touchant que ce sentiment. Mais ce n'est pas, semble-
t-il, un sentiment irréductible et spécifique; il ne
faut voir là que leur sensibilité générale rayonnant
sur tout ce qui est ou a été en rapport avec l'objet
de leur sentiment. Et si le même sentiment est
moindre chez la moyenne des hommes, cela tient probablement, je le répète, à leur genre de vie moins
casanier, plus répandu au dehors et qui les met en
relation avec une plus grande variété d'objets.

Quant à l'instinct de propriété, c'est autre chose.
Quoique les grands types d'avares créés par l'art
soient presque tous masculins, les observateurs
s'accordent très généralement à signaler la tendance
à l'avarice comme plus ordinaire chez les femmes,
à tout âge et dans l'enfance déjà, mais surtout dans
la vieillesse. A l'école maternelle, selon Mlle Lauriol, les garçons mettent plus volontiers en commun
ce qu'ils ont; les petites filles ont davantage le sentiment de la propriété individuelle. Les garçons
échangent leurs bérets, leurs gants, sans y faire
attention, la petite fille tient à son chapeau, à ses
gants. « J'ai vu des gamins acheter pour quelques
sous des gâteaux brisés ou des bonbons défraîchis;
l'un quelconque de la bande faisait le partage, et ce
n'était pas toujours celui qui avait donné les sous.
Celui-ci laissait faire. Quand un groupe de petites
filles est dans un cas analogue, celle qui a acheté

les friandises tient à en faire la distribution. »
(Mlle Lauriol.)

« Ce qu'il y a de plus rare en France, après une
femme bête, c'est une femme généreuse, dit Mme de
Girardin. » Elle ne fait pas allusion seulement au
manque de largeur dans la dépense ; mais tous les
genres de générosité sont parents, et les formes les
plus plates, si la tendance générale est vraie, doivent être aussi les plus communes.

Dans la satire X de Boileau, l'avarice est un des
traits du caractère féminin les plus vivement mis
en relief. Un magistrat d'illustre maison, plein d'esprit, de sens et de raison, épouse pour sa dot une
femme avare, et alors!...

> Il l'épouse, et bientôt son hôtesse nouvelle,
> Le prêchant, lui fit voir qu'il était au prix d'elle
> Un vrai dissipateur, un parfait débauché...
> ... Aussitôt de chez eux tout rôti disparut ;
> Le pain bis, renfermé, d'une moitié décrut ;
> Les deux chevaux, la mule, au marché s'envolèrent ;
> Deux grands laquais, à jeun, sur le soir s'en allèrent :
> De ces coquins déjà l'on se trouvait lassé,
> Et pour n'en plus revoir le reste fut chassé...
> ... Un vieux valet restait, il fallut s'en défaire ;
> Il fut de la maison chassé comme un corsaire.
> ... Alors on ne mit plus de borne à la lésine :
> On condamna la cave, on ferma la cuisine, etc.

Il semble en effet que, « extrêmes en tout »,
comme dit Fénelon, les femmes aillent plus loin
dans l'avarice quand elles s'y mettent, qu'elles
aient l'avarice plus mesquine et plus sordide que

les hommes. « Craignez, dit Fénelon (*de l'Éducation des filles*, p. 114, édit. Gréard), que l'économie n'aille en elles jusqu'à l'avarice, montrez-leur en détail tout le ridicule de cette passion,... qu'elle gagne peu, et qu'elle déshonore beaucoup... C'est le bon ordre, et non certaines épargnes sordides, qui fait les grands profits... » L'épargne, en effet, l'économie, voilà la source ordinaire de l'avarice féminine; de là vient qu'il y aurait injustice à en triompher trop bruyamment. C'est l'excès d'une bonne, utile et nécessaire tendance. Cela nous explique la forme habituelle de l'avarice féminine : ce n'est pas tant l'amour du gain, le désir actif d'acquérir, que la lésine proprement dite, la répugnance à se dessaisir. Faible et sujette aux incapacités de travail, ayant le soin immédiat des enfants et l'administration des provisions, il semble que la femme doit avoir plus que l'homme peur de manquer. Selon Crépieux-Jamin, l'écriture des femmes révèlerait une avarice « plus négative » que celle des hommes (*Graphologie*, p. 110).

Il arrive aussi que certaines femmes ont le goût du luxe et du monde, et de grands besoins de dépense sans avoir le moins du monde la disposition à donner. Dépenser beaucoup, c'est bien n'être pas avare absolument parlant, mais ce n'est pas être généreux, ni même simplement bien ordonné. Concluons donc sans hésiter qu'il y a là chez les femmes une pente à surveiller, des tendances à régler par l'éducation. Leur apprendre l'économie domestique, ce ne sera pas seulement leur apprendre l'épargne, mais l'ordre, mais la juste mesure dans la dépense, et une certaine philosophie dans les choses d'intérêt, ce que j'appellerai la philosophie de la dépense.

Venons enfin aux formes toutes spirituelles de l'égoïsme ; elles tiennent toutes dans l'amour propre, mais elles se manifestent de mille manières ; quelles sont les formes les plus spécialement féminines ? Évidemment, c'est moins souvent l'orgueil, ce péché des forts, que la vanité, ce péché féminin par excellence. « La même cause, dit Mme de Rémusat, excitera chez l'homme les émotions de l'orgueil et chez la femme seulement celles de la vanité. L'orgueil est le sentiment d'une puissance qui se juge ; la vanité se mesure à l'effet qu'on produit, elle a toujours besoin d'un second. » Produire de l'effet sur « un second »... ou sur plusieurs, voilà, souvent innocemment, mais invinciblement, le besoin de la femme en tant que femme. Passion sociale par son cadre et, si l'on veut, par son objet, mais radicalement égoïste par sa nature. L'égoïsme de la femme, le voilà. « Ne craignez rien tant que la vanité dans les filles, dit Fénelon (édit. Gréard, p. 102) ; elles naissent avec un violent désir de plaire. »

Prenons garde cependant que la vanité n'est pas rare chez les hommes. Une femme du monde à qui

j'avais demandé ce qu'elle regardait comme le
trait vraiment distinctif de son sexe, me répondit
tout net : la vanité. « Si ce n'était ce défaut
capital, ajoutait-elle, la finesse de la femme et
l'art avec lequel elle sait dissimuler ses sentiments
feraient d'elle un incomparable diplomate. Mais par
vanité elle se laisse facilement séduire et tromper. »
Le hasard voulut que je parlasse justement de cet
aveu devant un grand diplomate de profession.
« Comme c'est faux ! me dit-il; comme on a tort
de croire l'homme moins vaniteux ! Des deux,
c'est lui qui l'est le plus. Neuf fois sur dix, c'est
la vanité qui lui fait faire ses fautes, dans la vie
publique aussi bien que dans la vie privée, et qui
notamment lui fait dire ce qu'il devrait taire. » En
effet on veut montrer qu'on sait, faire l'important,
paraître. Faut-il donner une preuve palpable de la
vanité des hommes? On sait ce qui se passe quand
une femme veut se faire un salon. Quel est le
moyen unique, infaillible d'attirer les hommes?
Elle le trouvera vite, si elle est fine. Ce n'est pas
de montrer son esprit à elle, c'est de leur en
trouver, de les flatter en exaltant le leur. « Qu'elle
écoute d'abord un homme avec complaisance et lui
témoigne son plaisir ou son admiration, à la
première occasion, il reviendra. Elle lui dira combien elle est fière de causer avec un homme supérieur, il sera à ses pieds désormais. Elle l'aura
aussi souvent qu'elle voudra, et avec lui tout son

cortège de gens qui ne veulent qu'être vus de lui,
que pouvoir dire qu'ils le rencontrent familièrement. Elle n'aura pas besoin de se mettre en grands
frais d'esprit. Elle l'aura, elle les aura d'autant
plus peut-être qu'elle sera plus bête, si elle sait
flatter leur vanité, qui est sans bornes. »

Voilà qui paraît assez bien observé. Si cela est
vrai, nous devons dire que la vanité est sensiblement égale au fond dans les deux sexes; seulement
elle prend des aspects et des noms différents. La
vanité propre de l'homme, ce sera, par exemple, la
fatuité, c'est-à-dire ce contentement de soi un peu
sot qui attend les hommages, qui les recherche,
mais qui les reçoit de haut, et qui s'en passe, au
besoin, tant il supplée intérieurement par la foi
naïve en son propre mérite. La vanité propre de la
femme, ce sera essentiellement la *coquetterie*,
c'est-à-dire le besoin de plaire, l'ardent et incessant
désir (quoique inavoué, quoique inconscient quelquefois) d'attirer et de retenir l'attention, surtout
l'attention de l'autre sexe. En tout bien, tout
honneur, cela va de soi. « La femme, selon Rousseau, est coquette par état. » « La coquetterie, dit
La Rochefoucauld, est le fond de l'humeur des
femmes ». « Les femmes peuvent moins surmonter
leur coquetterie que leur passion ». Lieu commun,
s'il en fut, mais que nous pouvons récuser d'autant
moins que tout jusqu'ici nous y a acheminés et
préparés. Plaire, en effet, est un besoin de nature

chez la femme, puisque c'est la condition pour être aimée, ce qui est sa destinée même. Plaire est une nécessité de sa condition sociale, c'est son arme pour ainsi dire unique, en tout cas souveraine, dans la lutte pour la vie. Plaire est sa force, à elle, le seul empire qui lui soit permis, mais l'empire souverain, elle le sait. Aussi, sentir qu'elle plaît, que son empire s'établit, est-il pour elle une joie sans pareille, même quand elle ne songe pas à en abuser. « On ne flatte jamais plus la femme qu'en lui témoignant qu'on la craint » (Renan, *Souvenirs d'enfance et de jeunesse*).

« Les chemins qui conduisent les hommes à l'autorité et à la gloire leur étant fermés, dit Fénelon, elles tâchent de se dédommager par les agréments de l'esprit et du corps : de là vient leur conversation douce et insinuante ; de là vient qu'elles aspirent tant à la beauté et à toutes les grâces extérieures, et qu'elles sont si passionnées pour les ajustements ; une coiffe, un bout de ruban, une boucle de cheveux plus haut ou plus bas, le choix d'une couleur, ce sont pour elles autant d'affaires importantes. » Ce passage indique d'un trait léger les principales formes que prend la coquetterie. Il y a en effet plusieurs manières de plaire ; et la femme ne prend pas toujours les meilleures ; mais cela juge l'homme autant qu'elle-même ; car elle sait bien trouver d'autres moyens plus relevés, quand ce sont d'autres moyens qui réussissent auprès de lui.

Mais, en général, comme de toutes les façons de plaire, la plus vieille et la plus sûre, la plus simple en tous cas, c'est la beauté, le désir d'être trouvées belles est, chez l'immense majorité des femmes, la forme essentielle de la coquetterie. Faute de mieux sans doute, elles se rabattent sur l'esprit; ou bien elles recherchent la grâce « plus belle encore que la beauté », elles se donnent un air de douceur et de bonté, ces grâces de l'âme : de là la minauderie, les airs doucereux... Mais elles n'aspirent à rien tant qu'à être belles, tout simplement; et les plus spirituelles, les plus gracieuses, les meilleures mêmes, ne sont jamais très contentes qu'en vantant leur esprit, leur grâce ou leur bonté, on passe sous silence leur beauté. Mme de Staël, qui n'était pas belle, en voulait à Mme Récamier de l'être tant, quoique celle-ci n'eût pas la millième partie de son esprit. On raconte que La Harpe, se trouvant placé à un concert entre ces deux femmes, dit à un ami, assis derrière lui : « Me voilà entre l'esprit et la beauté. » — « Me prenez-vous pour une bête », demanda vivement Mme de Staël? non qu'elle se crût, sans doute, réellement la plus belle, mais pour faire sentir, j'imagine, au galant toute son impertinence.

Faut-il noter quelques-uns des effets et quelques-unes des manifestations ordinaires de ce désir naturel aux femmes de paraître belles? De là, la puissance des compliments sur les plus sages, de ces compliments même outrés, même ridicules, lourdement adressés à leurs avantages physiques, qu'elles ne se lassent pas d'entendre proclamer quand ils sont réels, et moins encore quand ils sont problématiques. Mᵐᵉ Guizot insiste très fortement sur la signification que prennent soudain pour la jeune fille les compliments qui pour la petite fille étaient relativement sans danger. Tout est grave pour elle dans cet ordre d'idées. Car, d'instinct, et si l'éducation n'y veille, elle préfère l'adulation à l'estime et au respect. « La flatterie en perd plus que l'amour ». On connaît ce conseil de Mᵐᵉ de Montmorin à son fils entrant dans le monde : « Je n'ai qu'un conseil à vous donner, c'est d'être amoureux de toutes les femmes ».

De là encore, le goût de la parure et des ajustements. « Il y a un article sur lequel j'ai parlé cent fois inutilement, dit Mᵐᵉ de Maintenon aux élèves de la classe verte, c'est vos coiffures, que je ne trouve point assez modestes... Il faut, mes enfants, vous mettre au-dessus de toutes ces petitesses et de ces faiblesses de votre sexe, et ne pas faire comme quelques-unes, qui se frisent la nuit pour faire croire qu'elles le sont naturellement. » (Édit. Gréard, p. 100.) Le conseil sera toujours nécessaire en tout temps, sous tous les climats. Le démon de la toilette, « Kleiderteufel », comme l'appelle Jean-Paul, c'est bien vraiment, semble-t-il, le démon familier de la femme. « La robe, dit le même humoriste, est pour l'âme des femmes un nouvel organe... Mlle Robinson, se mirant seule dans un ruisseau, voudrait être mise à la dernière mode. La plus sage ne pardonne pas une critique sur son corps, et elle est plus flattée d'un éloge de ce corps que de toutes les louanges accordées à son esprit. » Il est à noter qu'elles se trompent très souvent sur l'effet que tant d'atours peuvent produire sur les hommes, et sur l'importance qu'ils y attachent. Il est vrai que ce sont surtout les pères et les maris qui s'en plaignent; c'est dans leur bouche surtout que les auteurs en placent ordinairement la satire. « Qui voudra, dit Plaute, se donner beaucoup d'embarras, n'aura qu'à se donner deux choses, un vaisseau et une femme : ce sont les deux choses du monde les plus difficiles à équiper. » Mais les autres hommes, que goûtent-ils dans cette faiblesse des femmes? sauf le côté esthétique, charmant quand la mesure y est, ils y apprécient le naïf aveu du désir qu'on a de leur plaire, aveu encourageant et qui flatte leur propre vanité. Au fond, leur bon sens proteste bien souvent en dépit de leur fatuité, et on ne leur plaît pas, par ces efforts exagérés pour plaire, autant qu'elles se le figurent.

« Ce n'est pas sans peine qu'elles plaisent moins », dit La Bruyère. Avec l'âge surtout, cette coquetterie incorrigible s'aggrave, devient ridicule aisément, sinon dégoûtante, comme le dit le même moraliste, faisant allusion au fard et aux artifices extrêmes auxquels on les voit recourir alors.

Ce n'est pas le seul mauvais tour que la vanité, leur vanité propre, joue aux femmes. Même quand elles se piquent de bel esprit et de savoir, l'excès et le ridicule sont proches encore; et un ridicule d'autant plus grand aux yeux des hommes qu'ils se sentent, non plus flattés dans leur fatuité, mais menacés dans une de leurs supériorités séculaires. Absolument, et quelque forme qu'elle prenne, il est rare que la préoccupation de plaire ne fasse pas plaire un peu moins. « Il y a, dit Marivaux, beaucoup de femmes qui seraient fort aimables, si elles pouvaient oublier un peu qu'elles le sont. »

Mais la pire conséquence est que la vanité en général, la féminine surtout, s'accompagne d'une rage de comparaison, d'une émulation presque insatiable et par conséquent douloureuse très souvent, autant que mauvaise conseillère. « On ne loue jamais bien une femme quand on en loue deux », dit Mᵐᵉ de Girardin. Il semble à chacune que tout ce qu'on donne aux autres lui est pris, que tout ce qui élève les autres la rabaisse. De là la source la plus ordinaire peut-être de leurs animosités entre elles, qui sont d'une acuité proverbiale, et de leurs malices parfois si cruelles et si raffinées. Aussi cette fièvre de comparaison, loin d'être excitée et entretenue, doit-elle être surveillée et retenue chez les jeunes filles plus encore que chez les garçons. J'ai connu des jeunes filles dont elle a empoisonné la jeunesse, à qui elle a inspiré toutes sortes de sottises et même de mauvais sentiments ; une notamment qui, après de longues années d'étude du piano, ne consentait jamais à se faire entendre, se faisant ainsi, à la longue, de son talent réel ou prétendu, un ridicule ; qui refusait avec minauderie de couper un gâteau à table, en famille, et qui pleurait de rage de voir une de ses cousines tout simplement s'offrir et le couper avec une grâce toute naturelle. Car très vite cette préoccupation de l'effet devient maladive, et cette émulation tourne à l'envie. Je m'explique ainsi le grand nombre de témoignages qui comptent l'envie et la jalousie comme des passions très féminines. La jalousie, il faut la respecter et la plaindre quand c'est le sentiment douloureux de quelqu'un qui aime et qui croit qu'on lui vole une affection ; mais, comme dit Kant : « l'homme est jaloux quand il aime ; la femme l'est alors même qu'elle n'aime pas, parce que tous les galants attirés vers d'autres sont autant d'adorateurs perdus pour elle. »

Mais elle est aussi très sujette à l'envie. L'envie est de l'ordre du pur égoisme ; elle naît naturellement de ces comparaisons de la vanité dont je parle ici, de cet esprit de rivalité. Il y a là tout un ordre nouveau de ravages à redouter. C'est quelque chose de redoutable déjà que ce besoin d'écraser des

rivales, qui fait, comme on dit, « vendre des
moutons pour avoir de la soie, et manger des
laitues pour avoir de la vaisselle ».

Mais le danger est plus grave quand la vanité
ouvre la porte à la séduction, s'il est vrai qu'il faut
expliquer par là, en partie du moins, l'étrange
attrait des femmes, même honnêtes, pour les
libertins, leur secret désir de les disputer à d'autres,
de conquérir don Juan à leur tour. Enfin c'est pis
encore quand toutes sortes de passions agressives
entrent en jeu. *Nullæ sunt inimicitiæ nisi amoris
acerbæ*, dit Properce... « Il n'y a de haines implacables que celles de l'amour »..., et de la vanité,
ajouterai-je. La vanité blessée est implacable aussi,
quelquefois même la vanité alarmée. « Cette fièvre,
dit Montaigne, laidit et corrompt tout ce qu'elles
ont de bel et de bon d'ailleurs..; et d'une femme
jalouse... il n'y a action qui ne sente à l'aigre et à
l'importun : c'est une agitation enragée. »

C'est sous l'aiguillon de ce sentiment que les
femmes sont devenues moqueuses, quand elles le
sont; mais ce n'est guère leur pente naturelle. Les
petites filles à l'école sont très moqueuses, mais cela
passe à la puberté. Alors domine la crainte du ridicule, qui contient chez les jeunes filles le sens des
ridicules d'autrui. Elles aiment mal la moquerie;
elles n'aiment pas même beaucoup la plaisanterie,
qu'elles ne comprennent guère et qu'elles refusent
de comprendre quand elles en sont l'objet. Les

plaisanteries sur le mariage leur sont particulièrement désagréables. Bref, elles sont trop sensibles,
soit par vanité, soit par amour, trop pleines de leur
sentiment, pour goûter beaucoup la malice légère.
Si elles la manient par hasard, c'est comme une
arme, et alors elles n'ont pas la plaisanterie très
bienveillante.

Les femmes sont-elles naturellement ambitieuses?
Elles n'ont guère eu lieu jusqu'ici, du moins, de
montrer de l'ambition au sens propre du mot; elles
en montreront sans doute à mesure que des carrières
plus diverses et plus largement accessibles s'ou-
vriront devant elles. L'ambition scolaire, l'émulation écolière sont aussi vives pour le moins chez
les filles que chez les garçons; plus vives même,
selon Mⁿᵉ Lauriol, qui cite l'exemple d'une élève
de deuxième année d'école normale, toujours première, qu'elle trouva triste un jour, presque pleu-
rant, parce que, première encore et sur toute la
ligne, il y avait quelques points de moins de différence entre elle et la seconde!
　L'ambition mondaine, de même, est très vive
chez les femmes, parce que c'est essentiellement
l'émulation de paraître et de réussir. La seule chose
qui relève ce sentiment, c'est qu'au lieu de rester
étroitement personnel, il s'étend à toute la famille,
au mari, aux enfants, au train de maison; et alors,
contenu dans de justes bornes par la raison, il est

le principe d'une certaine tenue qui est une qualité. La vanité personnelle n'y perd pas toujours ses droits. La femme ne veut pas seulement que sa nouvelle famille, celle qu'elle fonde, soit distinguée ; volontiers elle laisse éclater dans l'intimité la prétention à une certaine supériorité d'origine, à une supériorité de sa famille sur celle de son mari. Dans ce charmant livre américain, *Other people's babies,* la jeune femme, Alice Mayton, ayant une explication avec son mari s'écrie : « Oui, c'est ainsi dans votre famille... ; chez nous, les Mayton ont toujours fait autrement. » Et l'auteur ajoute : « This implication of superiority of origin, the darling idea of every woman, but Eve. »

L'homme a bien, au fond, la même tendance, mais moins accentuée, peut-être parce que sa personnalité est plus indépendante. Ayant moins fait par elle-même, la femme sent davantage le besoin de s'appuyer sur autre chose, sur sa famille et les traditions de sa famille. C'était sa gloire de jeune fille, comme sa gloire de femme lui vient presque toute de son mari.

Aussi est-ce surtout pour ce mari qu'elle a de l'ambition. Il est bien rare qu'elle n'en ait pas, mais toujours un peu du même caractère. Elle tient pour lui moins au pouvoir effectif qu'au rang, moins à l'être qu'au paraître. Je sais bien que pour une partie, ce sont les hommes qui font courir ce bruit-là. Quand ils sont un peu honteux de se mon-

trer avides de places, de galons, de rubans, ils disent
que c'est leur femme qui a la faiblesse d'y attacher
de l'importance. Et cela est vrai : les femmes supérieures ont pour leur mari une ambition supérieure et substantielle, la fortune ou la gloire; le
grand nombre a l'ambition des croix et des petits
honneurs. Verconsin a peint cet état d'esprit dans
une aimable comédie de salon. C'est la veille d'un
15 août sous l'Empire, le mari lit l'*Officiel* : « Tiens,
voic' les décorations de tel ministère. » Sa femme
bondit, parcourt la liste et éclate, en voyant qu'il
n'y figure encore pas : c'est trop fort, à la fin, on les
déshonore en ne le décorant pas. Elle n'osera plus
se montrer, risquer de rencontrer, étant à son bras,
mesdames une telle et une telle qui ont des maris
nuls et décorés..., etc. » L'ironie est cruelle et
forcée. Mais à la nuance près, c'est bien cela. Une
femme qui est au-dessus de ce genre d'ambition
est une perle rare.

Compterons-nous enfin, avec Pope, approuvé en
cela par Kant, le besoin de dominer comme caractéristique de la femme? De dominer absolument
et au sens fort, non. « Le garçon tient à com-
mander; mais la fille ne tient qu'aux hommages. »
(Mᵐᵉ Lauriol). Mais d'exercer leur empire de femme
sur les hommes en général, sur le mari en particulier, oui, cela fait pour ainsi dire partie de leur
rôle de femme. Nécessité pour elle, cela est presque
aussi sa dignité, quand les moyens sont bons et

que la mesure est observée, puisque la femme ne peut quelque chose, n'existe presque que par là. Ce qui est plus grave, c'est de joindre à l'instinct de soumission vis-à-vis de l'homme qui est le maître ou le mari (et c'est souvent tout un), l'instinct de domination et de dur commandement à l'égard des inférieurs. Cela se voit, et caractérise assez souvent les servantes-maîtresses par exemple : mais c'est une bassesse de plus par laquelle la servitude se dédommage et prend sa revanche. Cependant le trait n'a rien de spécialement féminin. On l'observe fréquemment chez les contremaîtres et les sous-ordres ; il est donc général, non sexuel.

Le bilan de la femme est assez chargé sans cela. Mais nous n'avons rien forcé à plaisir. Nous n'avions à parler cette fois que de ses tendances égoïstes ; et l'égoïsme, qui n'est jamais beau, est d'ailleurs moins laid peut-être chez elle que chez nous. En effet, il est, nous l'avons dit, d'ordre essentiellement social, il demande au moins « un second », il est déjà voisin de la sympathie, et il y achemine.

SEPTIÈME LEÇON

La sensibilité féminine (suite) : Sympathie et sociabilité.

Prédominance de la sympathie dans le cœur de la femme. — Ses diverses formes : l'amour proprement dit. — L'amour maternel. — La pitié. — Le secret de la grâce féminine. — Les affections de la femme exclusives et personnelles, mais non inconstantes. — Question capitale : la femme est-elle incapable d'amitié?

La femme paraît faite, plus impérieusement même que l'homme, pour la vie sociale. La solitude lui est plus insupportable encore, plus manifestement impossible. On a pu voir des hommes, très exceptionnellement, d'ailleurs, et à titre de pénitence ou de mortification, — donc en avouant qu'ils violaient la nature, — se retirer dans un lieu désert et y vivre longtemps, en se figurant qu'ils s'avançaient par là dans la perfection et remplissaient mieux leur destinée. Le mot *ermite* n'a pas de féminin, quoique Mᵐᵉ de Sévigné ait osé *hermitesse*; il n'y a pas, que je sache, de femmes ermites. Les femmes sont et se sentent nées pour la compa-

gnie : c'est le cri de leur nature. Cela perce dans
leur égoïsme même, mais cela, surtout, très vite et
tout naturellement, les élève très haut au-dessus de
l'égoïsme, dès qu'elles sont femmes dans toute la
force du terme.

Sans doute elles veulent plaire et être aimées;
mais elles ont encore plus besoin d'aimer, et, sauf
les cas de perversion, qui choquent tant précisément parce qu'ils ont quelque chose d'anormal, on
serait tenté de croire que c'est ce profond besoin
d'aimer qui, chez elles, est à la racine même de leur
besoin de plaire. En fait ces deux sentiments sont
également naturels, également profonds; et ils se
confondent dans le besoin de sympathie, qui est la
mise en commun des émotions, l'affection partagée
et réciproque. Il est vrai qu'on peut l'inspirer
sans l'éprouver, et l'éprouver aussi sans l'inspirer.
Mais ce n'est pas le cas ordinaire. Par elle-même,
la sympathie est communicative et comme contagieuse : on l'inspire à ceux pour qui on l'éprouve.

En tout cas l'éprouver et s'y abandonner est plus
doux sans comparaison que d'en être l'objet sans
la ressentir. Le plus fort des deux sentiments
semble donc bien être l'amour, l'altruisme, comme
les positivistes l'appellent. Cela se voit bien quand
les deux sentiments sont en lutte dans un même
cœur. L'amour de soi fond, pour ainsi dire, et se
dissipe sous les rayons de l'amour tout court, selon
cette profonde remarque de La Rochefoucauld :

« Le plus grand miracle de l'amour, c'est de guérir de la coquetterie ». Duclos a pu écrire cette phrase toute à l'honneur de la femme : « Les grands et rares sacrifices du cœur ne se voient guère que de la part des femmes. Presque tous les bons procédés leur appartiennent en amour, et souvent en amitié, surtout quand elle a succédé à l'amour. »

Oui, dira-t-on, c'est bien là le miracle de l'amour, et il atteint une pureté incomparable chez la femme, quand elle aime vraiment. Mais cela n'est-il pas assez rare? Peut-on affirmer que la disposition affectueuse est plus forte ou plus générale chez les femmes, qu'elle est, en un mot, un trait fondamental de la psychologie féminine?

Je n'en fais aucun doute, elle en est le trait fonmental. L'homme est peut-être capable d'aimer autant et aussi fortement; mais les sentiments affectueux tiennent moins de place dans sa vie, il vit beaucoup moins exclusivement par eux et pour eux. Ils prennent aussi chez lui d'autres formes et des caractères différents.

Qu'en sera-t-il si jamais les mœurs changent au point de permettre à la femme, avec des occupations analogues ou identiques à celles de l'homme, des ambitions quasi viriles? Je ne sais; ou plutôt je crois le savoir et je me sens très rassuré à cet égard. Mais pour le présent, en tous cas, le paradoxe serait trop fort qui nierait que le sentiment tient dans la vie de la femme infiniment plus de place que dans la nôtre. Épouse, mère, sœur, elle vit d'autant plus par le cœur que sa fonction au foyer, auprès du berceau de l'enfant, dans le petit cercle des relations sociales, comporte moins de travaux des bras ou de l'esprit, moins de distractions extérieures.

Cette disposition à la sympathie prend mille formes, depuis les plus particulières et les plus fortes jusqu'aux plus diffuses. Les principales de beaucoup, celles qui font le vrai noyau de cette tendresse rayonnante, ce sont l'amour proprement dit et l'amour maternel; ce dernier plus général encore et plus profond, plus propre à la femme dans tous les cas. Car si l'on peut dire de certaines femmes qu'elles sont plus épouses que mères, ce n'est ni le plus ordinaire, je crois, ni ce qui passe pour le plus vraiment féminin. Tandis qu'il est habituel et tout naturel à l'homme d'être plus époux que père, surtout entre la femme jeune et l'enfant tout petit, c'est l'inverse qui paraît être plus dans l'ordre pour la femme. La femme, dans l'immense majorité des cas, aime plus ses enfants, surtout petits, que ne fait le père. Comme sa fonction auprès de l'enfant est la plus spéciale qui puisse être, comme elle lui rend des services que seule elle peut lui rendre, son attachement pour lui a aussi quelque chose d'unique. Elle l'aime de tout son être et de toutes ses entrailles. C'est sur le berceau du nouveau-né, sur le nourrisson à la mamelle qu'elle semble concentrer naturellement ses sentiments les plus tendres, les plus dévoués, les plus purs de toute nuance d'égoïsme. On ne saurait pas jusqu'où peuvent aller en ce monde l'amour désintéressé, la tendresse et la joie du sacrifice, si le cœur des mères n'existait pas.

Là est si bien la forme par excellence de la tendresse féminine, qu'on a pu dire avec raison qu'il y a quelque chose de maternel, en quelque sorte, dans toutes les affections de la femme. De quoi est fait l'amour maternel? Essentiellement de douceur et de pitié pour la faiblesse de l'enfant, si dénué, si complètement à la merci de ceux qui le soignent. Eh bien! de l'enfant, cette douceur et cette pitié qui surabondent pour ainsi dire dans le cœur de la femme vraiment femme, passent à d'autres objets, et rayonnent sur tout ce qui est faible et sans appui. Là est le correctif de cet amour de la force, que nous avons constaté chez elle, et qui lui est naturel aussi et nécessaire, puisque, faible elle-même, elle a besoin d'appui. Par exception, par une sorte de perversion, cet amour de la force peut aller jusqu'à un enivrement de la force qui la rend cruelle. Mais le plus ordinaire de beaucoup, c'est que son cœur est facile à apitoyer, et se laisse toucher par quiconque a besoin d'elle. « Pour obtenir d'elle une action, quelle qu'elle soit, dit Mme de Rémusat, il faut presque toujours la convier au bonheur d'un autre. » Et plus elle a fait pour quelqu'un, plus elle est disposée à faire, selon la loi qui veut que la charité s'alimente de ses propres sacrifices. La générosité des femmes, la voilà. Il est bien vrai que sur le terrain de l'amour-propre, de la vanité, des rivalités de coquetterie, de tout ce que j'ai appelé leur lutte pour la vie, la générosité n'est pas leur fait; mais qu'on touche leur cœur, au lieu de l'alarmer, elles vont tout naturellement jusqu'au sublime de la bonté, jusqu'au parfait oubli de soi.

Cela est si vrai que les moralistes et les éducateurs ont toujours et avec raison signalé là un danger. Le besoin de sympathiser, la disposition à s'apitoyer, à s'attendrir, peuvent être, en effet, pour la femme, des pièges et des causes de péril moral, si, à défaut du contrepoids de l'égoïsme, elle n'en trouve pas dans une raison ferme et cultivée.

Toujours est-il que le fait est certain : la faiblesse qui s'avoue, qui est involontaire et touchante, a pour le cœur de la femme des séductions supérieures encore à celles de la force triomphante. La pitié est le sentiment qui la fait aller le plus loin dans l'abnégation. Elle la pousse facilement jusqu'au sacrifice héroïque. L'homme aussi aime à protéger, et s'attache par le besoin qu'on a de lui : Mais il y a plus qu'une nuance entre l'humeur protectrice qui est la sienne, toujours quelque peu impérieuse et disposée au combat, et le dévouement humble, obscur où la femme se complaît. « Assez souvent, dit le comte d'Haussonville (dans sa préface au livre de M. Maurice de la Sizeranne, *Les Aveugles, par un Aveugle*), on voit une jeune fille clairvoyante épouser un aveugle; mais il est infiniment rare qu'un clairvoyant épouse une jeune fille aveugle. Il faut pour une association de ce genre un dévouement dont notre sexe ne se montre guère capable. »

Il est inutile de multiplier les preuves et les exemples. Cette disposition à sympathiser et à s'attendrir est en grande partie ce qui rend la femme incomparable pour l'éducation de la première enfance, pour celle des enfants abandonnés, voire pour la correction des enfants coupables, du moins lorsqu'il faut l'attendre non de la rigueur, si souvent impuissante et desséchante, mais de cette communication mystérieuse, de cette contagion de la sympathie dont il était question tout à l'heure.

Et ce n'est pas seulement sur les enfants, les malades, les pauvres, que s'étend cette sympathie intarissable de la femme; quand aucune passion inverse ne la contrarie, elle rayonne naturellement de toute sa personne par le regard, la voix, le geste, les mouvements. Elle est le secret de cette grâce féminine, dont on a très bien dit qu'elle est ce qu'il y a de plus aimable au monde et de plus irrésistible, parce qu'elle a pour source l'amour, parce qu'elle imite et exprime la bonté. C'est là sans doute (bien plus que l'esprit proprement dit, toujours assez rare, et qui n'attire pas sans réserve), ce qui fait le fond de ce tact social, de cette affabilité, de cet « esprit de société et d'agrément », comme dit Voltaire, qui est si communément le partage des femmes, et fait d'elles le lien social par excellence. C'est par là qu'elles sont l'âme de ces réunions exquises où les hommes, dépouillant pour un instant leur rudesse, ne laissent voir que les côtés aimables de leur nature. C'est ainsi que, selon le même écrivain, « elles semblent faites pour adoucir les mœurs des hommes ».

Et je ne parlerai pas des manifestations exceptionnelles de la sympathie féminine, qui sont individuelles. Je sais une mondaine, par exemple, qui très simplement, sans affectation, se trouvant dans une ville d'eaux témoin de l'extrême fatigue des pauvres ânes, des pauvres chevaux martyrisés chaque jour par les promeneurs, louait de temps en temps pour le lendemain ceux qu'elle voyait exténués le soir, à seule fin de leur donner un jour de repos.

Mais si ce don de la tendresse et de la sympathie est si général, comment expliquerons-nous les cas si nombreux où la femme se montre, au contraire, dure, méchante, aggressive, contrariante, disputeuse? Disputeuse, c'est un des traits de caractère qu'on lui attribue universellement, non seulement les satiriques et les comiques et les auteurs d'épigrammes, mais les graves moralistes, depuis les anciens jusqu'à nos jours, en passant par Montaigne et par Vivès. Ce dernier, particulièrement sévère pour elles, les trouve si naturellement aigres et querelleuses, qu'il va jusqu'à dire qu'elles ne sont douces qu'avec les gens dont elles ont besoin. Injure gratuite et fausse. Ce qui est vrai, c'est que le cœur de la femme offre toute la gamme des sentiments, et qu'elle porte volontiers à l'extrême celui auquel elle obéit à un moment donné. Méchante, implacable, agressive, nous avons vu qu'elle pouvait l'être par égoïsme, surtout par vanité blessée. Elle peut l'être aussi par amour blessé, par rivalité de cœur, par jalousie, etc. Il n'y a pas de pires haines que celles qui naissent de l'amour méprisé, ou simplement menacé. C'est l'éternelle histoire du cœur humain; et la femme vivant plus que l'homme par le cœur est par cela même plus sujette à ses orages : constatons-le une fois pour toutes.

Quant au reproche spécial d'être querelleuse, et en ménage surtout, c'est un reproche de comédie. *Qui non litigat cœlebs est*, dit un proverbe latin. « Arrête, passant, et vois la merveille, dit une épitaphe mise sur le tombeau de deux époux : un mari et une femme qui ne se disputent pas! »

Il y a quelque vérité, bien entendu, dans cette plaisanterie vieille comme le monde. « Il est toujours proclive aux femmes, dit sérieusement Montaigne, de disconvenir à leurs maris : elles saisissent à deux mains toutes couvertures de leur contraster. » Mais comme pour se disputer il faut être deux, le reproche pourrait aussi bien se retourner. Le vrai, c'est qu'à la femme, comme à l'homme, il arrive d'être plus aimable au dehors qu'à la maison, plus gracieuse avec les étrangers qu'avec les siens, tendance bien connue; c'est Fontenelle qui fait ce suprême éloge du caractère de je ne sais plus quel savant : « Il était d'une humeur agréable même dans son intérieur. » Il ne sera pas mauvais d'y penser dans l'éducation, et de mettre la jeune fille en garde contre ce défaut. Quant au surplus, s'il est vrai que la femme a réellement plus de propension à contrarier (à flotter à contre-courant, dit la fable), cela s'explique du reste par ce que nous savons déjà de sa nature, par un besoin momentané d'indépendance qui cherche à prendre sa revanche, par la vivacité de ses impulsions, par sa facilité même d'expression, etc. Il est à remarquer, d'ailleurs, que la sympathie même, et d'autant plus qu'elle est plus instinctive, a ses exigences et sa susceptibilité, comme l'égoïsme. De là de petites difficultés de caractère avec lesquelles l'éducation devra compter. L'ironie, toujours desséchante, y sera moins de mise encore avec la jeune fille qu'avec le garçon. Mais bien aveugle qui verrait là rien qui soit la négation du fond de sympathie que nous avons constaté, et qui caractérise la femme d'une façon bien autrement essentielle.

Maintenant, cette sympathie a des caractères propres sur lesquels il ne sera pas inutile d'insister.

Le premier, le plus important de beaucoup, c'est qu'elle s'intéresse toujours aux personnes plus qu'aux idées, qu'elle est d'ordinaire étroitement personnelle. « Nous prenons peu de part aux événements généraux », avoue Mme Guizot. C'est probablement pour une bonne part le résultat de l'éducation et des mœurs; mais c'est un fait. Une plus large culture, en développant son esprit, ouvrira sans doute des horizons plus larges à la bonté de la femme; mais jusqu'ici les sentiments de large philantrophie, de solidarité sociale ou de fraternité universelle, etc., tiennent une place relativement insignifiante dans sa vie morale, au prix des affections particulières, qui ont toujours chez elle quelque tendance à être exclusives.

« La femme qui aime, dit Alphonse Daudet avec une éloquente exagération, n'a d'entrailles que pour son amour; toutes ses forces vives de charité, de bonté, de pitié, de dévouement, sont absorbées au profit d'un être, d'un seul (*Sapho*). » Cela n'est vrai que de l'amour proprement dit, passionné et exalté. Mais d'une manière générale, les femmes ont plus de tendresse personnelle pour les êtres sur qui se porte leur affection, que de bienveillance générale. Une des leurs (Mme de Girardin) a dit que la bienveillance large n'est pas leur fait, et que même quand elle prient Dieu « elles ont toujours l'air de le prier contre quelqu'un. » De même qu'elles ont besoin d'égards et de soins personnels, leur bonté a besoin de s'attacher à quelqu'un très particulièrement, du moins pour donner sa mesure. « Ce n'étaient pas les consolations qui lui faisaient du bien, dit Cherbuliez, parlant de Charlotte Diede consolée par G. de Humboldt (*Revue des Deux Mondes*, 1er mars 1885), c'était le consolateur; et en cela elle était vraiment femme. » Eh bien, de même elles ne sont vraiment bienfaitrices, consolatrices, qu'autant qu'elles y mettent quelque chose de personnel; mais ce quelque chose, elles l'y mettent, et c'est cela même qui rend leur bienfaisance infiniment plus pénétrante et douce que celle de l'homme.

Cette tendance de la femme à être relativement exclusive en ses affections s'explique assez bien par sa destinée et sa condition dans le passé, essentiellement conjugales et familiales. Mais ce n'est peut-être pas une raison pour en prendre son parti aussi facilement qu'Amiel, par exemple, qui, au lieu de voir là une tendance à transformer discrètement par l'éducation, y voit une indication en quelque sorte providentielle de la subordination de la femme. « La femme, dit-il, qui s'absorbe dans l'objet de sa tendresse, est pour ainsi dire dans la ligne de la nature, elle est vraiment femme, elle réalise son type fondamental. Au contraire, l'homme qui absorberait sa vie dans l'adoration conjugale et qui croirait avoir assez vécu en se faisant le prêtre d'une femme aimée, celui-là n'est qu'un demi-homme, il est méprisé par le monde, et peut-être secrètement dédaigné par les femmes elles-mêmes. La femme vraiment aimante désire se perdre dans le rayonnement de l'homme de son choix, elle veut que son amour rende l'homme plus grand, plus fort, plus actif. Chaque sexe est ainsi dans son rôle; la femme est plutôt destinée à l'homme et l'homme destiné à la société; la première se doit à un, le second à tous; et chacun d'eux ne trouve sa paix et son bonheur que lorsqu'il a découvert cette loi et accepté cet équilibre. » Belle page qui n'est vraie qu'à demi. Même dans le mariage et dans les conditions les plus favorables, je ne crois pas vrai de dire que la destinée de la femme soit de se faire ainsi la chose d'un homme, de s'absorber à ce point dans un unique amour. Si cela était, il s'ensuivrait d'abord que la femme n'a de destinée morale que dans le mariage, et en dehors de là ne compte pas. Voilà qui serait dur, quand on pense qu'il ne tient pas à elle seule d'en décider ! Et même mariée, elle a certainement mieux à faire que de s'absorber dans le culte de l'homme. Celui-ci d'ailleurs ne le lui demandera pas, s'il a une ombre de valeur.

Tout ce qu'il faut dire donc, c'est qu'il est naturel et excellent que l'affection de la femme dans l'ordre de l'amour proprement dit ait un objet unique et exclusif; mais sa tendresse, sa bonté, sa pitié, sa sympathie enfin, sous toutes les formes, peut et doit rayonner très au-delà; et elle y tend naturellement. Seulement il faut l'élever pour les affections larges. Elle ne doit pas frustrer la communauté de ce qu'elle peut pour elle par le cœur. L'éducation manquerait à ses fins en n'y avisant pas. Les femmes ne ressentent pas toujours suffisamment ce qui est dû à la patrie. Elles ont le patriotisme ardent, quand elles l'ont; mais trop souvent l'amour maternel et familial (cet égoïsme à plusieurs) remplit leur cœur et le ferme à tous les autres sentiments.

Il ne faut pas s'étonner que l'homme aime plus activement la patrie : il la sert plus directement. Mme de Staël, exilée par Napoléon à quarante lieues de Paris, avait la nostalgie douloureuse « de son cher ruisseau de la rue du Bac ». Et elle ne trouvait pas dans la gloire que son ennemi donnait à son pays la consolation et l'orgueil que ressentaient, pour ainsi dire malgré eux, nombre d'émigrés. C'était un patriotisme en quelque sorte local, à la fois ardent et étroit. L'éducation doit le former plus large et plus généreux chez nos filles.

De même pour les sentiments d'humanité. Pendant qu'elles ont des soins tendres, des bontés maternelles pour un pauvre qui gémit à leur porte, pour une misère qui frappe leurs yeux, les misères plus générales, la triste condition des masses les

frappent moins. Il en est du moins parmi elles, et
j'entends des meilleures, qui ont une peine singulière à ne pas trouver que tout est pour le mieux
dans le meilleur des mondes du moment qu'elles
vivent dans l'aisance, honorées, entourées, aimées;
qui, avec une dureté étrange, faite de tous leurs instincts d'ordre, de tradition, de conservation, regardent *a priori* comme l'ennemi le mineur, le gréviste,
le mécontent quel qu'il soit, le misérable qui fait
entendre avec amertume sa plainte collective. Là
encore, l'éducation aura quelque chose à faire
pour apprendre à la femme à élargir, à généraliser
sa bonté.

Compterons-nous maintenant comme un autre
caractère des affections féminines l'inconstance?
C'est là, semble-t-il, un lieu commun : « Il n'est
pas dans la nature de la femme d'être constante »,
dit gravement l'un. « Comme la plume au vent,
souvent femme varie... », chante l'autre. Eh bien,
le lieu commun ici n'est pas vrai, ce me semble.
Ce qui varie chez la femme, ce sont les goûts, les
caprices, les velléités..., quand elle n'aime pas. Ce
sont les fantaisies de la coquetterie froide. Et pour
cela, certes, « bien fol est qui s'y fie. » Mais
l'homme donc! comme il a bonne grâce à faire ce
reproche! Cette mobilité, chez elle, vient de l'ennui,
du désœuvrement de l'esprit, de la pauvreté de la
pensée. On y remédiera en lui donnant des goûts

sérieux et plus de ressources intellectuelles. Mais dans l'affection, dans l'amour, je vois la femme vraiment bien plus solide et plus constante que l'homme. Bien plus souvent, bien plus vite il arrive à l'homme de se lasser, d'avoir comme épuisé le charme d'un attachement. L'affection de la femme va croissant avec les marques qu'elle en a données et les sacrifices qu'elle a faits. « Il n'y a que les femmes qui ne se détachent jamais du malheur, a pu dire Alibert; elles semblent jetées comme des êtres tutélaires entre l'homme et les vicissitudes du sort. » Si elles se détachent après avoir réellement aimé, ce que je crois bien rare, en dehors des cas dramatiques et quasi morbides, ce doit être de l'orgueil triomphant et sec qui les oublie ou les dédaigne, jamais de la faiblesse qui a besoin d'elles, jamais de qui appelle leur tendresse et donne de l'emploi à leur force de dévouement.

Enfin que penserons-nous d'un troisième caractère assez généralement attribué à la tendresse féminine? On dit assez communément qu'elle est toujours plus ou moins de la nature de l'amour et qu'elle exclut à peu près l'amitié. Je laisse de côté l'injurieuse exagération de Chamfort, qui ose dire qu'elles sont « incapables d'attachement ». Mais pour La Bruyère, « les hommes l'emportent sur elles en amitié ». Montaigne avait dit avant lui : « La suffisance ordinaire des femmes n'est pas pour répondre à cette conférence et communication, nourrice de cette sainte couture; ni leur âme ne semble assez ferme pour soutenir l'étreinte d'un nœud si pressé et si durable... Ce sexe, par nul exemple, n'y a encore pu arriver, et, par le commun consentement des escholes anciennes, on est rejeté. »

Eh bien, je proteste contre les « escholes anciennes. » Pas plus chez les hommes que chez les femmes, la grande amitié, chaude autant que solide, n'est si commune! Mais les femmes en sont capables comme les hommes; et elles sont admirables, incomparables même de fidélité et de dévouement en amitié. Que veut-on dire ici? Le voici peut-être : c'est qu'elles sont trop passionnées pour avoir ce sang-froid, cette calme raison, ce courage de juger et de déplaire au besoin, que l'amitié comporte et implique. L'amitié, selon La Rochefoucauld serait trop « fade » pour elles, quand elles ont senti l'amour. De cette indication où tout n'est pas faux, je retiens ceci seulement : que l'amitié des femmes est plus chaleureuse, plus ardente et active, plus enthousiaste que celle des hommes, moins critique, plus exposée peut-être à s'égarer.

Quand on veut serrer les choses de plus près, on dit que l'amiti n'existe, ne peut exister ni de femme à homme, parce qu'elle risque toujours de verser dans un autre sentiment, ni de femme à femme, parce qu'elles sont trop légères, ou trop

jalouses, trop naturellement et constamment sur
un pied de rivalité.

Je répondrai d'abord sur ce chapitre de l'amitié
entre femmes. Il est certain qu'elle n'est pas très
fréquente, que les belles amitiés de jeunes filles, si
expansives et si profondes à la fois, ne durent pas
ordinairement avec le même caractère, après que le
mariage ou de l'une ou de toutes les deux les a
séparées en leur apportant de nouvelles affections.
Mais il en est bien un peu de même pour l'autre
sexe. Il est très vrai aussi que les femmes préfèrent
souvent la compagnie des personnes d'un autre
sexe; mais cela ne prouve rien pour le point qui
nous occupe. Il est vrai enfin que leurs liaisons
entre elles sont souvent superficielles, et que les
femmes abusent peut-être encore un peu plus
que les hommes de ce beau nom d'amitié; de là
cette malice de Paul Bourget, qui n'est pas purement
ironique : « Ce qui distingue l'amitié entre femmes
de l'amitié entre hommes, c'est que cette dernière
ne saurait aller sans une confiance absolue, tandis
que l'autre s'en passe. Une amie ne croit jamais
tout à fait ce que lui dit son amie, et cette continuelle suspicion réciproque ne les empêche pas de
s'aimer tendrement. » Que sera-ce quand la prétendue amie est d'une nature radicalement légère,
une pure mondaine comme cette douairière de
Vergnes, mise en scène par Octave Feuillet dans
son roman de *Sybille*? Elle vient avec sa petite-fille

Sibylle faire une visite à une ancienne amie, et apprend du concierge que cette dernière est morte depuis six semaines : « Ah! mon ami, s'écrie-t-elle, qu'est-ce que vous me dites?... C'est vraiment inouï, ces choses-là!... Voilà la vie, ma chère enfant! Eh bien, mon pauvre Jean, chez le pâtissier qui fait le coin de la rue de Castiglione, vous savez? » Le trait est amusant; mais il est trop clair qu'en dépit du mot il ne s'agit nullement là d'amitié. L'amitié est peut-être plus difficile entre femmes qu'entre hommes; mais elle n'est ni impossible, ni, je crois, plus rare.

« Elles ne s'aiment pas entre elles, écrit Diderot, bien qu'il existe un lien secret entre toutes les femmes, comme entre les prêtres d'une même religion. Elles se haïssent, mais elles se protègent. » Il y a du vrai dans cette franc-maçonnerie des femmes, dont parle également Schopenhauer, dans cette solidarité qui n'exclut pas les rivalités. Mais cette solidarité attesterait encore qu'elles sont capables de cohésion et de sérieux. Ce n'est pas là l'amitié, assurément, mais c'est encore moins une preuve qu'elles sont incapables d'amitié.

Même à l'égard de l'autre sexe, elles en sont parfaitement capables, et ce n'est pas leur faute si le cas ne se produit pas plus fréquemment. Le sujet serait des plus intéressants à fouiller; il est complexe. Rien ne prouve que la femme ne soit pas aussi bien que l'homme, dans certaines con-

ditions, et les mêmes, de sérénité, d'âge, etc.,
capable d'amitié loyale et ferme pour une personne
de l'autre sexe. Il y en a au contraire de nombreux
exemples. Et alors elles l'emportent en délicatesse
ingénieuse. « Les hommes, en général, dit Thomas,
ont plus les procédés que les grâces de l'amitié.
Quelquefois, en soulageant, ils blessent; et leurs
sentiments les plus tendres ne sont pas fort éclairés
sur les petites choses qui ont tant de prix. Mais les
femmes ont une sensibilité de détail qui leur rend
compte de tout. Elles devinent l'amitié qui se tait,
elles encouragent l'amitié timide, elles consolent
doucement l'amitié qui souffre. » Voilà la vérité.

« Une belle femme qui a les qualités d'un
honnête homme, est ce qu'il y a au monde d'un
commerce plus délicieux, dit La Bruyère : l'on
trouve en elle tout le mérite des deux sexes. »

Belle ou non, une femme, vraiment femme, et
qui est en même temps un « honnête homme » est
la personne au monde de qui l'amitié a le plus de
douceur et de saveur. Ceux qui prétendent que
cette perle rare ne se trouve pas, n'ont pas eu sans
doute le bonheur de la rencontrer, et il faut les en
plaindre. Mais il ne faut pas leur accorder que
l'amitié est au-dessus du cœur de la femme. On
ne lui retrancherait ainsi rien moins que les éléments solides et rationnels de l'affection, la sincérité, la droiture, la sûreté parfaite des rapports,
les meilleures qualités du caractère. Nous touchons

donc au nœud vital, nous sommes au cœur pour
ainsi dire de notre sujet; ne craignons pas d'avoir
l'air de nous attarder. C'est du temps gagné pour
toutes les discussions relatives à l'éducation des
filles, que celui que nous passons à tâcher de connaître exactement ce caractère féminin qu'il s'agit
de conduire, à en savoir le fort et le faible, à
passer au crible une à une et réduire à leur juste
valeur les accusations dont il est de mode de le
charger. N'oublions pas que ceux qui ont un très
pauvre et maigre idéal en fait d'éducation féminine,
ont pour raison avouée ou secrète une grande défiance et un médiocre respect de la nature féminine.

HUITIÈME LEÇON

La sensibilité féminine (fin).
Les sentiments supérieurs.

Effets composés de l'égoïsme et de l'altruisme : susceptibilité, jalousie, bavardage. — Formes féminines des sentiments supérieurs : pudeur; — sens moral; — instinct du vrai; — sentiment du beau ; — sentiment religieux.

Nous voici amenés à une autre catégorie de sentiments, qu'on peut appeler supérieurs en ce qu'ils ont pour objet non pas des personnes particulières, mais des biens d'un ordre général et pour ainsi dire idéal, l'honneur, la justice, la vérité, le divin. Dans quelle mesure, et sous quelles formes plus spécialement la femme éprouve-t-elle le sentiment du bien, le sentiment du vrai, le sentiment du beau, le sentiment religieux? Personne ne les lui conteste, cela va de soi; tout ce qui est humain, elle l'a en germe; mais ce qu'on dit parfois, c'est que ces hautes aspirations ne se rencontrent un peu fortes qu'à titre bien exceptionnel dans le cœur des femmes, et qu'en général elles y sont étouffées par la poussée confuse et irrésistible de tous les penchants égoïstes ou sympathiques que nous avons vus jusqu'ici. La femme est trop passionnée pour être juste, trop indiscrète pour être sûre, trop personnelle, même en ses affections désintéressées, pour être scrupuleusement vraie, et ainsi de suite.

Jetons donc, en commençant, un coup d'œil sur ces effets composés de l'égoïsme et de l'altruisme féminins, qui semblent la vouer à l'agitation du cœur, tantôt au tourbillon des petits sentiments, tantôt aux orages des grandes passions, en l'excluant à peu près de la sphère sereine des hauts sentiments rationnels.

Est-ce l'amour-propre, ou plutôt le besoin d'aimer et d'être aimée qui la rend susceptible, vulnérable à la moindre piqûre, à un point souvent maladif? En tout cas elle est presque incapable de souffrir la contradiction; elle n'admet ni la moquerie ni l'ironie. La moquerie est un acte d'agression froide; or ni la combattivité n'est chez elle un besoin dominant, ni la froideur n'est son fait. Il semble qu'elle sente d'instinct qu'elle aurait plus à perdre aux représailles qu'à gagner en donnant carrière à sa malice. Michelet a bien remarqué que tout ce qui est critique, discussion, polémique, choque cet être essentiellement sociable, et la met mal à l'aise, même quand elle n'en est pas l'objet. « Elle hait l'aigreur et la risée, dit-il, prenez-la par où elle est sensible, par son admirable cœur, plein

de tendresse et de pitié. » (*Nos fils*, p. 18.)
Alphonse Daudet dit de même : « Comme l'enfant,
comme le peuple, comme tous les êtres de naïveté
et de spontanéité, la femme déteste l'ironie qui la
déconcerte et qu'elle sent être l'antagoniste des
enthousiasmes et des rêveries de l'amour. »

On retrouve le même mélange d'égoïsme et
d'affection au fond d'un sentiment qui est tout
particulièrement propre à la nature féminine, la
jalousie. « La femme est jalouse de tout, de son
mari, de ses enfants mariés ou non, de ses amies,
de son confesseur... Son cœur mobile, son imagination ardente lui créent sous ce rapport tout un
monde de chimères, qui n'a de réalité que dans les
rêves d'un esprit malade[1]. » Souvent ce n'est que
dans sa vanité que la femme est froissée; mais, dit
le même écrivain, « c'est un peu délicat à avouer,
alors on dit que c'est le cœur qui est blessé. C'est
plus noble et plus distingué... Dans la majorité
des cas, le cœur est un nom qu'on profane, et
qu'on jette comme une draperie sur l'intérêt, l'orgueil, la vanité, l'ambition ».

Mais, quelle qu'en soit la cause, il n'y a point de
passion qui aigrisse l'âme et la rende injuste et
défiante autant que la jalousie. Piquées par elle,
« les meilleures, les plus douces natures deviennent

---

1. Mgr Landriot. *Les péchés de la langue et la jalousie dans la
vie des femmes.* VI⁰ conférence, p. 134.

tristes, mornes, chagrines, inabordables ». Elle
est la source de ces haines, de ces rancunes féminines, de ces cruelles vengeances dont parlent
tant de moralistes dans leur peinture de l'âme
féminine et que nous avons déjà entrevues. Il est
certain que les femmes sont souvent vindicatives,
cruelles, implacables, et peu scrupuleuses alors
dans l'hostilité. « Les femmes, dit Octave Feuillet,
sont à l'aise dans la perfidie comme le serpent dans
les broussailles, et elles s'y meuvent avec une souplesse tranquille que l'homme n'atteint jamais. »

Si la jalousie n'avait à sa racine que la vanité,
elle ne serait pas si profonde et n'aurait pas des
effets si dramatiques; et si elle n'avait pour cause
que l'amour pur, elle ne serait pas si envenimée;
car l'amour sincère aime le sacrifice et ne porte
pas facilement des fruits de haine. La nature complexe et terrible de cette passion semble tenir à ce
qu'elle est en effet composée de l'égoïsme et de
l'amour qui s'exaltent l'un par l'autre.

« La femme jalouse, dit le Livre saint, a un
fouet à la bouche, et ce fouet, c'est sa langue, *in
muliere zelotypa flagellum linguæ* ». Mais le bavardage féminin, la langue avec tout ce que ce mot
implique, curiosité, indiscrétion, médisance et
calomnie au besoin, ou simple caquetage, tout cela
a bien d'autres causes que la jalousie. C'est, comme
elle-même, un effet composé de tout ce que nous

avons vu jusqu'ici de la psychologie féminine, de
tous les sentiments féminins, aussi bien de la
vanité qui veut se faire valoir et occuper de soi,
que de la sociabilité qui veut être agréable, que de
la sympathie qui produit un vrai besoin d'épanche-
ment. Que dis-je? C'est un effet aussi du genre de
vie et d'occupation, de cette vie sédentaire et relativement oisive du foyer qui tient les femmes à
l'écart des grands intérêts sociaux et des grandes
affaires, de ces occupations presque toujours plus
manuelles que mentales, qui laissent l'imagination et la langue libres tout en faisant travailler
les doigts. Moins on dit de choses aux femmes,
plus il est naturel qu'elles soient en quête de nouvelles; et moins on les associe aux grandes choses,
plus il est naturel qu'elles se rabattent sur les
petites. Cherchez bien, vous trouverez que tout ce
qu'on dit de la langue des femmes se ramène à ces
causes et s'explique par elles. Mais vous trouverez
en même temps que tout cela est vrai, à l'exagération près, bien entendu; et il est impossible de
contester que là soit le point de rencontre de
toutes les faiblesses féminines, même de celles
qui ont le plus fait douter que la femme puisse
être simplement un « honnête homme ».

L'homme aussi est bavard, cancanier, indiscret,
est-il besoin de le dire? puisqu'il est vaniteux, lui
aussi, et sociable, c'est-à-dire plus ou moins
expansif et communicatif. Il est tout cela presque

autant que la femme, dès qu'il est aussi désœuvré
et reste étranger à tout grand intérêt spéculatif ou
pratique. Mais il ne l'est pas tout à fait de la
même manière. Il aime les mêmes cancans, et s'en
amuse; mais il n'y attache pas la même importance. Les secrets qui lui pèsent le plus, ce sont
les siens propres; il a besoin d'expansion, ou il
parle par fatuité, mais il n'est pas rare qu'il garde
les secrets qui ne sont pas à lui, en dépit de cette
boutade d'une femme d'esprit qui, agacée d'entendre vanter le secret des francs-maçons, si bien
gardé, sans doute parce qu'il reste entre hommes,
s'écriait : « Oui, le secret des francs-maçons ! mais
c'est le seul qu'ils gardent... et encore, parce qu'il
n'est pas intéressant et que nous voulons bien le
leur laisser. » De même il y a, ce me semble, une
limite plus étroite à la quantité et à la futilité des
riens qui amusent les hommes : il faut que ces
riens se rattachent plus ou moins à quelque préoccupation d'une nature tant soit peu générale, professionnelle, par exemple, ou de carrière. Mettons
qu'ils n'aient pas grand mérite à cela, que cela
tienne surtout à ce qu'ils sont plus occupés ou à
ce que, même comme purs mondains, ils ont d'ordinaire plus de choses à dire.

Pour les femmes, il y a unanimité, je ne dirai
pas contre elles, mais entre elles et nous sur ce
chapitre. « *Ubi lingua res geritur*, dit Erasme, *ne
septem quidem viri sunt uni feminæ.* » Quand

c'est de la langue qu'il faut jouer, même sept
hommes ne valent pas une femme. Dans un
« Règlement » dressé par « une dame de haute
qualité », que la *Revue de l'enseignement secondaire
des jeunes filles* a publié (15 juillet 1892), on lit :
« Quand je serai en compagnie, je prendrai bien
garde de ne parler trop, afin d'éviter les péchés
innombrables de la langue, et de ne contrister pas
les autres, les empêchant de parler à leur tour;
surtout j'essayerai de ne parler point des choses qui
me touchent, ou les autres, sans quelque nécessité...
Pour les visites, j'en ferai le moins que je pourrai,
et sans médire, ni me plaire aux médisances. »

Il y a bien des choses à distinguer dans cette
question : la quantité d'abord, puis la qualité des
paroles.

La quantité serait déjà une faiblesse, parce que
parler beaucoup, c'est comme jeter sa poudre aux
moineaux; c'est presque nécessairement se dis-
penser de réfléchir. Quand Fénelon dit : « La plupart des femmes disent peu en beaucoup de
paroles », évidemment, ce n'est pas de sa part un
compliment. Cependant il n'y a là en somme rien
qui entache le moral. Je connais des femmes qui
parlent beaucoup, avec une volubilité, une flamme,
une éloquence même parfois réelle, et qui sont
bien meilleures que des silencieuses. Elles se laissent emporter par un sentiment généreux de pitié,
d'indignation; elles ouvrent l'écluse, pour ainsi

dire, à tout ce qu'elles ont sur le cœur : cela est honnête, brave même quelquefois. Même plus léger, le bavardage féminin peut être gai et encore parfaitement inoffensif. Il n'y aurait donc là que l'objet de plaisanteries inoffensives elles-mêmes, comme celles qui ont cours, comme cette boutade d'Alexandre Dumas père, par exemple, qui dit quelque part que la Providence n'a pas donné de barbe à la femme, parce qu'elle ne pourrait pas se taire pendant qu'on la raserait.

Mais, d'ordinaire, la qualité des paroles s'altère à mesure que la quantité augmente. Du moment qu'on aime à parler, il faut bien avoir quelque chose à dire, si peu que ce soit. On est donc en quête, non pas de science apparemment, ni de vérité pure, mais de ce qui fait rire et divertit, de riens, mais de préférence de riens piquants, de petits scandales, de secrets dont la découverte a de la saveur pour les désœuvrés et les malveillants. C'est ainsi que la curiosité naît et s'excite, et devient aisément maligne ; c'est ainsi que la médisance devient une habitude, presque une occupation ; on s'attire des représailles ; on a l'air de manquer de cœur, même quand on en a. On finit par n'en plus avoir et par goûter l'âcre plaisir de la méchanceté.

Dans ces conditions, il ne faut pas s'étonner que la discrétion soit une vertu peu commune chez les femmes. Elles aiment pourtant à avoir leurs secrets à elles, par une disposition qui se laisse voir même chez les petites filles, et elles les gardent assez bien, quoiqu'elles se plaisent à parler tout à l'entour. Et qui y ferait attention pourrait en deviner quelque chose dans les paroles qu'elles laissent échapper, dans ce qu'elles disent, par exemple, de tel personnage de leur roman favori. Mais La Bruyère a raison : « Une femme garde mieux son secret que celui d'autrui [1]. »

1. Dans *le Livre du Chevalier de La Tour Landry* (1371) il y a un conte que je rapporterai comme l'expression piquante de cette vieille vérité que la femme a une peine incroyable à porter loin ce qu'on lui confie. C'est le conte de Catonnet. Caton, avant de mourir, a fait promettre à son fils de bien essayer sa femme pour savoir si elle saura garder un secret, avant de lui confier rien d'important. Catonnet, en conséquence, dit à sa femme un soir : « Ma mie, je vous dirais un très grand secret qui touche à ma personne, si je croyais que vous le tinssiez secret. — Ah! mon seigneur, dit-elle, par ma bonne foy, j'aimerais mieux être morte que découvrir le conseil que vous me direz. — Ah! ma mie, donc vous le dirai-je. Hier je me suis tant marri avec le fils de l'empereur, que je l'ai occis. » Il était son précepteur. « Je sais bien, continua-t-il, que j'ai moult mal fait et je m'en repens; mais c'est à tard. Je vous prie bien de céler ce conseil, car je ne le dirai à nul monde qu'à vous. » Si se passa ainsi la nuit, et quand vint qu'il fut jour, la dame envoya quérir une demoiselle qui était sa mie. « Voire, dit la femme Catonnet, pourrai-je tout dire et me fier à vous? — Oui, par ma foi », dit-elle. Et l'autre en prit la foi, le serment, et elle découvrit tout, comme son seigneur avait occis le fils de l'empereur; et l'autre se signa et fit l'émerveillée et dit qu'elle le célerait moult bien; mais il lui fut moult tard de le dire, et tant qu'elle alla tout droit à la cour de l'empereur. Quand l'empereur ouït la nouvelle que Catonnet avait occis son fils, il commanda qu'on le pendit hautement devant tous. On allait le faire, quand Catonnet est délivré par le prétendu fils occis qui arrive à toute bride, ayant appris de quoi il s'agissait. L'empereur

En résumé, même inoffensive, la loquacité est toujours une faiblesse. Odieuse quand elle est méchante, ridicule quand elle n'est que vaniteuse, elle oscille entre ces deux extrêmes. Elle fait du mal au bavard, quand elle n'en fait pas aux autres. Car « une fois prononcées, nos paroles règnent sur nous », comme dit le proverbe arabe.

La susceptibilité, la jalousie, le bavardage, tous ces défauts féminins ne sont pas étrangers au cœur de l'homme. Il n'y a donc pas de raison de croire qu'ils rendent la femme incapable d'éprouver dans leur pureté les sentiments les plus élevés de la nature humaine. On les lui refuse cependant, et c'est le point que nous avons maintenant à examiner.

Pour ce qui est de l'honneur sous sa forme féminine, la pudeur, il serait absurde de dire que les femmes n'en ont pas le sentiment. Mais souvent on ne veut y voir qu'une sorte de composé de sentiments d'ordre inférieur, à peu près dénués de valeur morale. Si l'on se plaît aux explications de ce genre, c'est à La Rochefoucauld qu'il faut les demander. La pudeur n'est que la crainte de l'opinion : « L'honnêteté des femmes est souvent l'amour de

saillit à sa rencontre, lui faisant grande joie. On s'explique. Catonnet dit qu'il a voulu éprouver la discrétion de sa femme, et ajoute, pour toute vengeance : « Si ai bien éprouvé comme elle m'a bien célé, comme chacun peut bien voir. »

leur réputation et de leur repos. » Ou bien encore,
c'est une coquetterie de plus : « La sévérité des
femmes est un ajustement et un fard qu'elles ajoutent à leur beauté. » Ou bien encore c'est simple
froidure du tempérament : « Les femmes n'ont point
de sévérité complète sans aversion. » Bref : « La
vanité, la honte et le tempérament font la vertu
des femmes, comme la valeur des hommes. » De
son côté, Schopenhauer, grand contempteur de la
femme, nous découvre dans l'honneur féminin une
sorte de pacte secret conclu entre les femmes pour
se mettre à très haut prix et pour forcer l'ennemi
à capituler, c'est-à-dire pour forcer l'homme au
mariage. De là leur sévérité pour celles qui trahis-
sent, autant dire qui se rendent sans conditions.

Qu'il y ait dans toutes ces analyses plus ou moins
ingénieuses un fond de vérité, c'est ce que nous ne
songeons pas à contester. Pour la crainte de l'opinion, en particulier, il est vrai que les femmes
habituées à vivre sous ce joug, bien rarement libres
d'agir à leur guise et sous leur seule responsabilité,
ont beaucoup de peine, plus de peine peut-être que
nous, à élever leur conscience au-dessus des préjugés régnants. C'est le respect humain qui leur sert
de frein, et l'opinion de loi. « La honte, dit Fénelon
lui-même, est le plus sûr garant de la vertu des femmes. » Il est donc prudent de compter avec ce sentiment et de le respecter. C'est rarement une bonne
note, dans l'état actuel des mœurs et de l'éducation

féminines, qu'une femme soit et se vante d'être trop indépendante du qu'en dira-t-on. Mais s'il ne faut pas faire fi de cette sauvegarde, ce n'est pas à dire qu'il ne convienne pas de leur en donner une autre, ni qu'elles ne puissent en avoir une autre. Et comment dans cette chose délicate entre toutes, la pudeur de la femme, après avoir fait la part que l'on voudra à la coquetterie inconsciente, à l'instinct égoïste, à la timidité, ne pas reconnaître loyalement un élément de plus, le respect de soi, le sentiment de la dignité personnelle, la décence. Tous ces nobles sentiments sont fondus d'ordinaire avec les autres, et souvent ils dominent; ils dominent même tout à fait, presque à l'exclusion de tout le reste, chez certaines femmes qui connaissent les orages de la passion, qui y résistent bravement et qui en sortent victorieuses. Il faut se découvrir devant celles-là tout simplement, sans chercher par des analyses irrespectueuses à se gâter le plaisir de les admirer. La Princesse de Clèves réfute suffisamment bien l'erreur de La Rochefoucauld.

Nous arrivons au sentiment supérieur par excellence, le principe des autres, pensons-nous, tout au moins le cran de sûreté du caractère, le sentiment moral, exactement et philosophiquement, le sens du _devoir_. On dit souvent que c'est un sentiment bien froid, bien abstrait pour les femmes, qui se conduisent par le cœur uniquement. S'il était vrai, en effet, que le devoir n'est qu'une notion sèche et géométrique sans rien de vivant ni qui parle au cœur, elle risquerait fort de rester sans empire sur elles, tout aussi bien d'ailleurs que sur l'immense majorité des hommes. Mais, Dieu merci, la raison, dans la nature humaine, n'est pas sans rapport avec le cœur, n'est pas séparée du reste comme par une cloison étanche; le devoir se fait aimer en même temps que respecter. Tout ce qu'il reste de l'objection, c'est que le bien s'impose aux femmes en les prenant surtout par le cœur, et qu'avec elles il risque davantage de n'être pas entendu quand il ne dit rien à leur cœur, à plus forte raison quand il le heurte. En revanche, quand il parle comme lui et leur montre la même voie, elles y marchent, elles y volent bien plus allègrement que l'homme avec sa froide sagesse. En d'autres termes, quand le devoir commande la simple justice contre toute espèce de sentiments, il faut à tout le monde certes, mais à la femme peut-être plus encore, un effort singulier pour s'y rendre; mais en tant qu'il commande le dévouement, le sacrifice, elle l'accepte plus facilement, peut-être, que nous, elle le trouve doux, et souvent même va au-delà.

Je n'irai pas jusqu'à dire que la charité est son domaine propre, et la justice celui de l'homme; d'abord parce que chaque sexe est tenu d'avoir les deux vertus, ensuite parce que la charité même n'est facile à la femme que quand elle met en œuvre

sa sympathie naturelle sans avoir à vaincre des
sentiments personnels trop contraires. Mais enfin,
nier que la femme soit susceptible de vertu, et spécialement capable de sacrifice, ce serait d'une injustice et d'une ingratitude monstrueuses. Elle a
donc accès, en dépit d'Aristote, aux plus hautes
sphères de la moralité.

Cela dit, il y a tout profit, au double point de vue
de la vérité psychologique et de l'application pratique, à bien nous rendre compte des traits particuliers et, au besoin, des lacunes propres de la
moralité féminine.

« La plupart des femmes n'ont guère de principes,
dit La Bruyère; elles se conduisent par le cœur, et
dépendent, pour leurs mœurs, de ceux qu'elles
aiment. » Le jugement est sévère, si l'on veut; mais
au fond, il revient simplement à dire que la femme
est peu habituée à raisonner sa conduite, à consulter
sa raison, ce qui est certain. Accoutumée à être
conduite plutôt qu'à se conduire, sa vertu est une
vertu d'instinct et d'habitude plus que de réflexion.
Si bien que Duclos a pu dire : « Une femme n'exa-
mine guère le principe de ses devoirs que par désir
de s'en affranchir, ou pour se justifier de les avoir
violés. »

Différence de culture et d'éducation, on le voit,
non de sentiment, ni de moralité foncière; ou plutôt,
différence de culture qui entraîne bien, en effet, une
différence dans la forme du sens moral; il est plu-

tôt, chez la femme, un sentiment instinctif que l'idée d'une règle, d'une loi. Thomas a dit joliment : « Les femmes font rarement comme la loi, qui prononce sans aimer ni haïr. Leur justice, à elles, soulève toujours un coin du bandeau pour voir ceux qu'elles ont à condamner ou à absoudre. »

Aussi leurs affections particulières tiennent-elles dans leur vie une place qui nuit au sentiment du bien général et public. Elles n'ont guère connu en fait que le régime du bon plaisir. Toujours tenues aux lisières, comment auraient-elles appris à aimer la liberté, et à la respecter? Elles seront donc naturellement pour le caprice, bienfaisant ou implacable tour à tour, pour la grâce contre la justice, comme Michelet aime à le dire. Même leur sentiment maternel, si puissant, ignore la justice. On sait assez qu'elles sont incapables d'être impartiales même entre leurs enfants : « Communément, on les veoid s'addonner aux plus foibles et malotrus, ou à ceulx, si elles en ont, qui leur pendent encores au col. Car, n'ayant point assez de force de discours pour choisir et embrasser ce qui le vault, elles se laissent plus volontiers aller où les impressions de nature sont plus seules; comme les animaulx, qui n'ont cognoissance de leurs petits que pendant qu'ils tiennent à leurs mammelles. » (Montaigne, l. II, ch. VIII.)

Dans les relations sociales, elles s'attachent aux usages, aux menues règles du cérémonial, aux con venances, comme à la règle inviolable de la conduite. Faire ce qui se fait et faire ce qu'on doit, pour elles, c'est à peu près tout un. Rien ne prouve mieux, en ce sens, la force chez elles du sens du devoir, mais aussi la nécessité de l'élargir, de l'épurer, de l'éclairer par l'éducation, si l'on ne veut pas qu'il reste confus et servile.

Une autre forme d'honnêteté qui n'est pas irréprochable chez les femmes, c'est la droiture, la parfaite conformité des actes aux paroles et aux promesses. Elles biaisent et subtilisent encore plus que les hommes avec le devoir incommode. « Toutes machiavéliques du plus au moins, dit Diderot; où il y a un mur d'airain pour nous, il n'y a souvent qu'une toile d'araignée pour elles. » Fénelon aussi les dit artificieuses, pleines de dissimulation et de finesse. Elles ont, dit-il, un naturel souple pour jouer facilement toutes sortes de comédies. Et il se soucie beaucoup de les amener à la sincérité, cette clef de l'honnêteté véritable. Nous avons déjà dit que cet esprit de ruse résulte naturellement de leur faiblesse. « La ruse est un talent naturel au sexe, c'est un dédommagement pour la force qu'elles ont en moins. » (Rousseau.) C'est aussi le produit de leur éducation séculaire, « de l'éducation des grilles et des verrous ». Mais celles qui sont le plus libres n'en gardent pas moins le goût de l'intrigue; elles se plaisent à tenir les fils d'un drame ou d'une comédie, à combiner des surprises et des coups de théâtre, cela pour le pur amour de l'art. Quelqu'un a dit que sur dix lettres anonymes, huit ou neuf étaient l'œuvre de femmes. La statistique, il faut l'avouer, n'est pas facile à faire; mais si celle-là était authentique, ce serait le cas de dire avec Corneille :

La fourbe n'est l'objet que des petites âmes.

Car il n'y a rien de plus bas que la lettre anonyme. Heureusement le fait n'est pas prouvé; et, en tout cas, la tâche de l'éducation est claire.

Que dirons-nous de cet autre sentiment supérieur, proche parent du sens moral, l'instinct du vrai, le besoin de dire la vérité? Il paraît souvent faible chez la femme, et l'éducation devra le fortifier à double titre, tant pour lui-même et pour sa valeur propre, que comme étai de la moralité; car c'est un lieu commun que le mensonge ouvre la porte à tout en couvrant tout.

Il faut le reconnaître, la réputation des femmes n'est pas bonne sur ce point. « Il en coûte peu aux femmes de dire ce qu'elles ne sentent point », dit La Bruyère. Kant charge les pères de veiller sur la véracité des enfants, car « les mères ont une tendance à ne pas y attacher d'importance ». (*Pédagogie*, éd. Thamin, p. 99.) Au moyen âge elles étaient si communément réputées fausses, qu'une femme ne pouvait être reçue en témoignage au tes-

tament. Peut-être y a-t-il encore quelque chose de
cette défiance dans les incapacités juridiques qui
subsistent dans nos lois pour la femme. Car on
sait, par exemple, qu'elle ne peut pas être témoin
dans les actes de l'état civil[1].

Et pourtant, vraiment, est-il bien sûr que la
femme soit inférieure à l'homme à cet égard?
Qu'elle ait moins de goût pour la recherche de la
vérité, au sens scientifique du mot, pour la vérité
abstraite, théorique, on peut l'admettre. Son inaptitude à comprendre une vérité générale, quand son
cœur est alarmé, est particulièrement remarquable. J'en ai eu personnellement d'éclatants exemples à propos de la question du divorce. Je n'ai pas
rencontré une femme qui en parlât de sang-froid,
qui distinguât le point de vue légal du point de vue
moral. Chacune se croyait menacée dans ses affections si le divorce était permis. En vain je leur affir-
mais que j'étais de leur avis au point de vue moral,
que le divorce fût-il permis, je ne croirais pas pour
cela pouvoir me le permettre, leur demandant seulement de m'accorder en retour qu'il pouvait être
bon qu'il fût légalement possible en certains cas,
L'une d'elles, la plus intraitable sur ce point, a vu
peu d'années après sa propre fille dans une de ces
situations tragiques dont le divorce est la seule

1. Elle peut l'être désormais; et c'est une petite victoire du
féminisme et de la justice dont Marion se réjouirait. (Note des
éditeurs.)

issue. Elle a compris alors, mais alors seulement, ce qui, *in abstracto*, lui semblait pure monstruosité.

Mais c'est là une tout autre question, une question de culture, avant tout. Il ne s'agit ici que du respect de la vérité, de la sincérité intime. Or les hommes sont si menteurs aussi qu'il est vraiment bien hardi à eux d'affirmer que les femmes le sont davantage. On serait bien tenté de les renvoyer dos à dos, comme dans la chanson espagnole qui est à deux fins, où les hommes chantent :

Palabras de mujeres, todas son falsas!

pendant que les femmes chantent de leur côté :

Palabras de los hombres, todas son falsas!

J'admettrai pourtant, si l'on veut, la tendance, à titre de nuance tout au moins. Par suite même de son désir de plaire, de sa sociabilité, de sa diplomatie instinctive, la femme peut être entraînée à taire les vérités désagréables, à cacher ses vrais sentiments, à en forcer ou altérer l'expression. C'est ce qui arrive d'ailleurs aux hommes très aimables et très sociables. Je constate donc la tendance à titre d'avertissement; mais je constate aussi qu'elle est l'œuvre de l'éducation aux trois quarts, corrigible, par conséquent, corrigée déjà chez un très grand nombre de femmes. Car je puis dire que la personne la plus parfaitement vraie que je connaisse, la plus incapable de dire ce qu'elle ne pense pas pour être agréable, ou de dissimuler ce qu'elle pense, est une femme. Les femmes ne sont donc pas exclues de cette vertu fondamentale, base de toutes les autres, la sincérité. L'éducation n'a pas ici à craindre de dépasser le but. Une loyauté absolue donnerait à la jeune fille une solidité morale qui ne ferait aucun tort à ses qualités les plus gracieuses.

Le sentiment du beau est encore connexe des précédents. La femme l'a incontestablement, et peut-être plus généralement que l'homme, ou du moins, il semble tenir plus de place dans sa vie. Elle préfère plus volontiers que lui le beau à l'utile; en tout cas, elle songe une partie du jour à se « faire belle. » Aussi le grave Kant (dans ses *Considérations sur le sentiment du beau et du sublime*) juge-t-il que c'est à bon droit qu'on l'appelle « le beau sexe ».

Il est vrai, ce sentiment n'est pas d'ordinaire bien original ni bien hardi; il reste subordonné à la mode, à l'usage, à l'opinion. Cela va au point, selon Chamfort, que pour savoir si elle doit aimer un homme, la femme tiendra plus de compte de la manière dont les autres le voient que de la manière dont elle le voit elle-même. Toute ironie à part, elle est en effet plus sensible aux élégances conformes à l'usage qu'à la grande et puissante beauté. Le joli, le beau aimable et correct lui plaisent plus que le sublime, ou que, dans la littérature, cette autre espèce de sublime, la profondeur. En art, elle est facilement une excellente élève, mais elle ne s'élève pas aisément à la maîtrise. Son goût même n'est plus sûr dès qu'elle quitte les chemins battus et veut innover largement. Même dans les arts de la parure et de la mode, il paraît que l'homme est plus créateur.

Ce sentiment du beau, tel qu'elle le possède, vient en aide à cette sorte de moralité instinctive faite pour moitié de convenance et d'élégance, dont nous parlions tout à l'heure; mais elle le confond naïvement avec le sentiment de la moralité pure, parfois avec une candeur qui fait sourire. Telle femme ne croira jamais au mérite d'un certain homme, parce qu'il n'a pas d'excellentes manières. J'ai vu une très honnête femme excitée jusqu'à l'ironie cruelle contre un homme et une femme, très distingués l'un et l'autre, qui avaient eu le tort impardonnable d'entrer dans son salon en se donnant le bras. Il est certain que ce n'est pas la mode; et ce manque d'usage était bien pire qu'une faute à ses yeux.

Mais ce n'est là qu'une simple remarque sur les rapports du goût et du sens moral chez la femme.

Sa part dans la production artistique de notre temps est assez grande pour qu'il y eût quelque ridicule à discuter la question de savoir si elle a le

sentiment de l'art. Et si sa part est moindre que
celle de l'homme, infiniment moindre en vérité, il
n'est que juste de l'attribuer pour une grande part
à la différence d'éducation artistique, au manque
d'études et de maîtres. Car il y a quelque chose
d'humiliant à voir les femmes, même chez nous,
dans le pays du monde hospitalier entre tous, le
seul, peut-être, en Europe qui leur ouvre à deux
battants les portes de ses Universités, réduites
encore à demander en vain leur admission à l'École
des Beaux-Arts. S'il suffisait des aptitudes indéniables, du talent, des succès pour en forcer l'entrée,
il y a longtemps qu'elles en auraient conquis
l'accès[1]. Or tant que les deux sexes ne seront pas
depuis de longues années mêlés dans les mêmes
ateliers, devant les mêmes maîtres, on ne saura
pas au juste de quoi ils sont capables respective-
ment, ni quelles sont, s'il y en a, les différences
d'aptitudes vraiment irréductibles.

Pour le moment, il y a bien du convenu, semble-
t-il, dans les affirmations courantes à ce sujet. Je ne
vois pas bien ce qu'il y aurait eu d'impossible à ce
qu'un homme signât l'*Attelage nivernais* de Rosa
Bonheur, ou le portrait de Duruy de Mlle Jacque-
mart. Il reste vrai, sans doute, que les préférences
de leur goût ou les aptitudes de leur main les font
exceller plutôt dans certains genres secondaires,

---

1. C'est encore un point où la généreuse réclamation de Marion
a été entendue. (Note des éditeurs.)

les natures mortes, les fleurs, l'aquarelle, le pastel,
la miniature. Et, en général, elles réussissent
mieux par le fini du détail que par les grands effets
et les larges touches; leur talent a plus de grâce
que de force. C'est le contraire vraiment qui aurait
lieu de surprendre. Cependant il y a des exceptions
encore. Quelle ampleur et quel souffle dans les des-
criptions de George Sand! quelle énergie superbe,
presque sauvage par endroits, dans les vers de
Mme Ackermann! Mais les femmes n'ont écrit ni
l'*Iliade* ni l'*Odyssée*, ni la *Divine Comédie*, ni
Hamlet, ni *Athalie*; elles n'ont point ni *la Sainte
Famille* du Louvre, ni le *Jugement Dernier*; et
tant qu'elles n'auront rien produit de cette enver-
gure, il ne sera pas prouvé qu'elles en sont
capables.

En voilà assez pour nous faire comprendre
comment le sentiment du beau est à la fois impérieux et un peu spécial chez la femme; comment
il faut compter avec lui, le satisfaire, y avoir égard
continuellement, mais aussi le cultiver et l'élever
par la culture; car il n'a par lui-même naturellement ni toute l'élévation ni toute la pureté dont il
est susceptible. Et ne leur enseigner que les « arts
d'agréments », comme on fait dans les éducations
vulgaires prétendues soignées, comme moyens
additionnels de plaire, c'est les maintenir dans cet
état d'inf 'iorité dont la morgue des hommes
triomphe. C'est manquer à ce qu'on leur doit.

Quant au sentiment religieux, tout le monde est d'accord pour reconnaître qu'il est chez la femme d'une vitalité et d'une profondeur singulières. Tout concret, il est vrai, il prend souvent les formes les plus naïves, les moins rationnelles, les plus puériles, dirais-je, si tout ce qui est sincère et qui fait du bien au pauvre cœur humain n'était pas digne d'un profond respect. Elle y met, en effet, tout son cœur, dans ce sentiment suprême, sa faiblesse et ses craintes vagues, comme toutes les tendresses de son âme.

Aussi la part de l'éducation, sans être nulle assurément, est loin d'être ici prépondérante. La source est au plus profond de l'âme, dans le besoin d'amour et d'adoration, dans le besoin d'appui, dans le sentiment de la faiblesse humaine, perdue, pour ainsi dire, au milieu du mystère des choses, et cherchant un soutien qui lui manque partout ailleurs.

Les formes arrêtées de la foi religieuse, crédos, rites, elle les accepte et ne les discute pas; elle s'y attache même avec son ardent instinct de conservation; sa foi gagne en vivacité tout ce que font perdre à la nôtre le besoin critique, la science, la philosophie, la dispute. « Les femmes, dit Renan, résisteront toujours, en matière religieuse, aux raisonnements et à la critique. Nous pouvons dire ce que nous voudrons, elles ne nous croiront pas, et nous en sommes ravis. Ce qui est en nous sans nous et malgré nous, l'inconscient en un mot, est la révélation par excellence. »

Il y a là un trait de la nature féminine d'une importance incalculable; une force à régler, à discipliner et à mettre en harmonie avec la raison, la vérité scientifique et la justice, — car ce n'est pas, quoi qu'en dise Renan, une supériorité pour la foi d'être par trop dénuée de raison et de critique — mais une force à respecter pour deux raisons : la première, c'est qu'elle est indestructible et qu'on l'aura contre soi, si l'on ne sait pas se la concilier. Car la femme aimera toujours religieusement ce qu'elle aimera, et détestera toujours à mort ce qui l'alarmera dans sa foi et dans son amour. L'éducation de la femme ne doit donc pas être, ne peut pas être irréligieuse; car elle ne quittera une religion que pour une autre, fût-ce une radicalement contraire; elle sera religieuse, c'est-à-dire passionnée, mystique et ardemment croyante, jusque dans l'irréligion, étant incapable de cet état de sérénité critique qui n'est peut-être qu'un autre nom de l'indifférence sur le mystère de la vie et de la destinée. La femme ne sera jamais indifférente là-dessus. Et la seconde raison, c'est que la foi, du moins toute foi raisonnable, est, comme l'amour qui en fait le fond, un grand bien, une douceur pour le cœur, quelque chose qui ennoblit et élève la vie, en lui donnant un but au delà d'elle-même, un horizon qui la dépasse.

NEUVIÈME LEÇON

L'Intelligence de la femme.

L'esprit naturel de la femme supérieur à celui de l'homme dans les diverses conditions sociales. — Qualités et défauts de l'intelligence féminine en général. — Examen de chaque faculté. — La mémoire. — L'imagination. — La curiosité. — L'aptitude scientifique : exemples de vocations féminines dans les sciences mathématiques. — La faculté de raisonner correctement et les sophismes féminins. — Dons littéraires. — Conclusion : le rôle de la femme au point de vue intellectuel.

La femme est naturellement très intelligente, non pas en France seulement, où l'on a pu dire que « ce qu'il y a de plus rare c'est une femme bête », mais partout. Faites abstraction de tout ce qui tient à la culture (si prodigieusement inégale jusqu'à nos jours), on peut dire que la femme est, dans son genre et pour les besoins de son mode de vie, au moins aussi bien douée intellectuellement que l'homme; et l'on pourrait presque sans paradoxe soutenir qu'elle l'est mieux pour toutes les choses de la vie courante qui leur sont communes et les touchent également.

Dans le peuple, chez les paysans, combien de fois n'arrive-t-il pas que la femme soit vraiment la tête du ménage (sans en avoir l'air, car elle a le tact de ne pas étaler sa supériorité). C'est elle ordinairement qui a le plus de ressources, de savoir-faire au bon sens du mot, de prévoyance, d'ordre, d'esprit de conduite. C'est elle qui pense le plus à l'avenir, qui s'ingénie pour trouver du travail, pour caser les enfants. Elle perd moins la tête, se débrouille mieux dans les incidents imprévus, parfois même tout en ayant l'air plus troublée d'abord et en commençant par une scène de larmes et de sanglots.

Demandez au médecin de campagne, qui s'explique le mieux et lui répond le plus intelligemment, quand un ménage de paysans vient le consulter. Souvent il ne peut rien tirer de l'homme, et c'est la femme qu'il interroge, même quand c'est le mari qui est malade. Il est vrai qu'elle répond parfois avec une facilité un peu prolixe, et dit pêle-mêle ce qu'on ne lui demande pas avec ce qu'on lui demande, cherchant un fait ou une idée dans sa mémoire, « comme elle cherche une clef dans l'énorme paquet de *miscellanies* qu'elle tire de ses poches » (G. Eliot). Mais il n'y a qu'à endiguer le flot de ses développements et à la questionner avec méthode, pour lui faire dire, et d'une façon souvent très vive et pittoresque, ce qu'on a besoin de savoir.

Dans les sphères moyennes de la société, à la ferme, à la ville, dans un ménage d'employés, de fonctionnaires, de commerçants, l'homme peut avoir (et c'est le contraire qui serait surprenant) une certaine supériorité intellectuelle; mais il est le premier à reconnaître presque toujours la valeur du concours que lui prête sa femme, le bon conseil qu'il trouve auprès d'elle, l'honneur qu'elle fait à son nom et à sa maison dans les relations sociales. C'est pourtant dans cette classe que la supériorité de l'homme est le plus souvent réelle. Mais c'est presque toujours une supériorité technique, professionnelle, de carrière ou de cabinet. La femme de l'avocat ne plaiderait pas comme lui, celle du savant ne pourrait le remplacer dans son laboratoire. Mais de combien d'hommes, et des plus grands, ne peut-on pas dire comme Félicité, dans Henri Monnier, dit de M. Prud'homme : « Sortez-le de son cabinet, il n'y est plus. » Tandis que la femme y est presque toujours; et en quelque chose que ce soit qu'on ait besoin d'elle, on la trouve.

Quant aux classes dites « supérieures », au grand monde, c'est peut-être là qu'il est le plus fréquent que la femme surpasse l'homme en intelligence. Peut-être sa culture, à elle, toute superficielle qu'elle soit d'ordinaire, est encore supérieure à la sienne, à lui. Et puis il arrive à l'homme trop souvent de noyer ce qu'il peut avoir d'esprit dans les jouissances physiques, les sports, le jeu, les plaisirs du club.

Pendant qu'il chasse, parle chevaux et chiens, fume des cigares de prix entre deux digestions, assez souvent la femme visite les pauvres, s'occupe intelligemment de ses gens ou de quelque œuvre pieuse et charitable, lit un livre, une revue, fait de la musique, cherche la société des gens d'esprit.

Il est vrai, il ne s'agit dans tout cela que d'une intelligence générale, de la faculté de connaître et de comprendre considérée au sens large et dans ses emplois journaliers. L'intelligence, au sens plein et fort du mot, est quelque chose de plus, c'est la faculté de penser avec ampleur et profondeur, de penser scientifiquement et philosophiquement, non de s'assimiler plus ou moins les vérités courantes, mais d'apercevoir, de découvrir même, et de prouver les vérités les plus hautes. La femme en est-elle capable? Pour répondre, il faut essayer de préciser la nature de cette intelligence générale que personne ne songe à lui contester.

C'est une intelligence essentiellement « primesautière », c'est-à-dire tout intuitive, qui va droit à son objet, sans effort et sans méthode. On ne nous apprend rien, nous devinons tout », a dit l'une d'elles : formule deux fois bonne, car l'intelligence des femmes est, en effet, une sorte de divination, et peut-être est-ce justement parce qu'on ne leur apprenait rien, c'est-à-dire par suite du manque de culture expresse, que s'est affinée ainsi en elle l'in-

telligence instinctive. Mais il se peut très bien aussi
que ce soit là surtout l'effet d'une souplesse et
d'une agilité d'esprit aussi naturelles aux femmes
que leur constitution organique. Elles sont faites
pour pénétrer les sentiments les plus secrets du
cœur, pour saisir les plus fugitifs, pour les deviner à un geste, à un changement de visage. « La
femme a une sagacité, dit Cabanis, un instinct
d'une promptitude et d'une sûreté admirables, qui
s'explique par l'intérêt continuel qu'elle a à observer
les hommes et ses rivales ». « Les hommes, dit de
même Rousseau, philosophent mieux que la femme
sur le cœur humain, mais elle lira mieux qu'eux
dans le cœur des hommes... La femme observe et
l'homme raisonne. » Elle semble avoir « des lumières
naturelles » qui nous manquent. Aussi arrive-t-elle
souvent au but quand l'homme calcule encore les
distances; et le terrain qu'il sillonne avec effort,
elle le parcourt avec une étonnante légèreté. Mais
il faut prendre garde que c'est ordinairement du
cœur que lui vient cette heureuse faculté d'intuition. Je ne sais si le poète croyait aussi bien dire
qu'il a fait en écrivant cette malice : *Comment l'esprit vient aux filles.* « Le sentiment peut tout faire
entrer dans l'esprit d'une femme », dit Paul Bourget; vérité profonde que l'on peut prendre dans le
sens que l'on voudra, car elle est vraie dans tous
les sens. Nous l'avons déjà dit, que le cœur donne
de l'esprit. Il donne tous les genres d'esprit

plus ou moins; car « il a ses raisons », il a « sa logique », qui pour être moins froide que l'autre et moins critique, n'en est que plus admirable quelquefois. « C'est dans le cœur, dit Lamartine, que Dieu a placé le génie des femmes. » Il fait leur éloquence souvent, il fait leur jugement si vif et si clairvoyant, tout spécialement dans les choses de l'âme. Voilà pourquoi, dans la pratique, on a tant d'occasions de constater que « tous les raisonnements des hommes ne valent pas un sentiment des femmes ». Rousseau remarque, et nous avons vu déjà qu'elles « ont le jugement plus tôt formé que les hommes ». Elles l'ont aussi plus rapide le plus souvent, et non pas toujours moins sûr, même quand elles ne savent pas ou ne veulent pas en analyser les raisons. Et elles en relèvent la valeur encore par le bonheur de l'expression. Presque toutes les femmes parlent bien, aussi bien ou mieux que les hommes, à égale culture, et pour ce qu'elles ont à dire. Elles discutent moins serré, elles convainquent moins, mais elles persuadent mieux. Fontenelle résume tout cela dans cette phrase aimable et malicieuse : « Pour les recherches laborieuses, pour la solidité du raisonnement, pour la profondeur, il ne faut que des hommes. Pour une élégance naïve, pour une simplicité fine et piquante, pour le sentiment délicat des convenances, pour une certaine fleur d'esprit, il faut... des hommes polis par le commerce des femmes. »

Pourquoi ne dit-il pas des femmes tout simplement? Il insinue par là, sans aucun doute, que la femme, ce qui est vrai, a les défauts de ses qualités à un point qui trop souvent les gâte. Pour peu, en effet, qu'elle passe la mesure et qu'elle abonde trop dans son propre sens, vous rencontrez des défauts graves pour rançon de ses admirables qualités. Indiquons-les rapidement, mettons les ombres au tableau.

Le sentiment, d'abord, empêche à peu près toujours le jugement d'être froid et calculé, et par suite, assez souvent, d'être complétement sûr ou scrupuleusement juste. Il va trop vite, conclut sans enquête suffisante. Mme Necker de Saussure a dit avec profondeur: « L'âme ne reçoit d'impressions justes que dans le calme; quand elle est troublée, rien n'agit sur elle comme il doit agir.» Or, s'il y a des femmes d'un naturel calme, ce n'est pas l'ordinaire dans la jeunesse; et cela est rare à tout âge, pour ce qui ne les laisse pas indifférentes. Ce n'est donc pas leur faire injure que de se défier un peu de leurs jugements sur les personnes et les choses qu'elles aiment, et aussi bien sur celles qu'elles n'aiment pas. Il faut une grande solidité de raison et même de nerfs, pour dominer les émotions un peu vives. Par suite les natures trop sensibles ont-elles bien de la peine à rester dans la vérité. George Eliot dit fort bien (*Scenes of clerical life*) : « It is so with emotional natures, whose thoughts are no more than the fleeting shadows cast by feeling : to them, words are facts, and even when known to be false, have a mastery over their smiles and tears[1]. » Oui, bien souvent, les pensées des femmes ne sont que l'ombre flottante de leurs sentiments ; elles prennent alors des mots pour des réalités et en subissent l'empire. Bref un certain manque de positivité, très noble et idéaliste souvent, mais qui les inspire ou très bien ou très mal, presque sans milieu, est un des caractères de leur esprit.

En dehors même de l'influence du cœur, et pour d'autres raisons, la finesse et la perspicacité de la femme peuvent encore se trouver en défaut. Les détails la frappent ordinairement trop pour lui permettre de bien juger des ensembles. Les maisons, comme on dit, l'empêchent de voir la ville, et les arbres de voir la forêt. Si elle saisit, en bien des cas, parfaitement et du premier coup ce que les hommes ne font qu'entrevoir, c'est de prime-saut, c'est-à-dire sans réfléchir, sans creuser les questions, sans chercher à se rendre un compte exact des choses, encore moins à voir à côté et à l'entour. Sa pénétration, de la sorte, manque souvent

---

1. C'est là ce qui arrive avec les natures sensitives dont les pensées ne sont que des ombres fugitives projetées par les sentiments: pour elles les mots sont des faits, et, même reconnus pour faux, ils commandent à leurs sourires et à leurs larmes. (*Scènes de la vie cléricale*).

d'étendue et de vraie profondeur. Elle pénètre vivement plutôt que bien avant, de sorte qu'il n'y a pas de contradiction à dire qu'en dépit de sa pénétration elle reste volontiers assez superficielle. Schopenhauer n'a eu garde de laisser échapper cette faiblesse. « La femme, dit-il, est affligée d'une myopie intellectuelle qui lui permet, par une sorte d'intuition, de voir d'une manière pénétrante les choses prochaines ; mais son horizon est borné : ce qui est lointain lui échappe. »

Il n'y a guère de doute que ces qualités et ces défauts caractérisent l'esprit féminin, d'abord parce que défauts et qualités s'entraînent mutuellement et se tiennent, ensuite parce que sur ces points les observateurs des deux sexes sont unanimes. Seulement les uns insistent plus sur le beau côté de ces dispositions, et les autres sur le côté défectueux ; et de fait, c'est tantôt l'un qui prédomine, et tantôt l'autre, selon les cas particuliers. Mme de Rémusat, volontiers sévère pour son sexe, dit franchement : « La suite et la profondeur nous manquent quand nous voulons nous appliquer à des questions générales. Douées d'une intelligence vive, nous entendons sur-le-champ, devinons mieux et voyons souvent aussi bien que les hommes. Mais trop facilement émues pour demeurer impartiales, trop mobiles pour nous appesantir, apercevoir nous va mieux qu'observer. L'attention prolongée nous fatigue... » Mme de Lambert en convient presque

dans les mêmes termes : « L'action de l'esprit qui
consiste à considérer un objet est bien moins parfaite dans les femmes, parce que le sentiment qui
les domine les distrait et les entraîne... Chez elles
les idées s'offrent d'elles-mêmes et s'arrangent
plutôt par sentiment que par réflexion : la nature
raisonne pour elle et leur en épargne tous les
frais... » Mais elle ne voit là, en somme, aucune
infériorité : « Nous allons aussi sûrement à la
vérité par la force et la chaleur des sentiments; et
nous arrivons plus vite au but par eux que par les
connaissances. »

On peut en effet le prendre comme on veut et
s'en consoler aisément; mais le fait reste. Et cet
aveu qu'elles font elles-mêmes que « la force d'esprit leur manque pour pénétrer au delà de l'écorce
des choses et en percer le fond », ne peut manquer
de les décrier. De là une réputation de futilité, de
décousu, de légèreté intellectuelle à laquelle les
plus grandes elles-mêmes n'ont pas toujours
échappé. Mme de Staël visitant Gœthe à Weimar le
déconcertait, tout en le flattant fort, l'irritait
même par le sautillement de sa conversation. « Un
soir, raconte-t-il, elle entre chez moi et, sans autre
précaution oratoire, elle s'écrie : « J'ai une nou-
« velle importante à vous annoncer : Moreau est
« arrêté avec plusieurs autres et accusé de trahison
« envers le tyran. » Je m'étais, comme tout le monde,
intéressé depuis longtemps au noble personnage

de Moreau ; je demeurai silencieux, évoquant le passé, afin d'en tirer des conclusions ou, au moins, des conjectures sur l'avenir. Mais la dame changea de conversation, la portant, selon son habitude, sur quantité de choses indifférentes. Je méditais toujours et ne trouvais rien à lui répondre. Elle me renouvela alors le reproche qu'elle m'avait souvent adressé : j'étais encore maussade ce soir-là, il n'y avait pas moyen de causer agréablement avec moi... Je le pris réellement en mauvaise part : « Vous « n'êtes capable de vous intéresser sérieusement à « rien ; vous m'abordez sans ménagement, vous me « frappez d'un coup rude, et vous prétendez que je « me mette à siffler votre petite chanson et à sauter « d'un sujet à l'autre. » L'anecdote est curieuse parce que Mᵐᵉ de Staël est aussi grande comme femme que Gœthe comme homme, que c'est une femme d'un esprit exceptionnellement ferme et viril, une femme philosophe par moments, qui pense autant que femme ait jamais pensé.

Avec tout cela, je n'entends rien retirer de ce que j'ai accordé tout d'abord. La femme est aussi intelligente que l'homme, elle ne l'est qu'autrement. Voyons donc de plus près, faculté par faculté, en quoi consistent les différences caractéristiques.

La raison proprement dite, au sens étroit et philosophique du mot, n'a pas de sexe : c'est la faculté des principes; or les principes, ces régulateurs de la pensée, sont évidemment les mêmes pour la femme que pour l'homme. Ce n'est que par une ironie un peu forte qu'on pourrait dire que les femmes ne connaissent pas le principe de contradiction, parce que leur mobilité les fait souvent se contredire, et que la passion qui les y entraîne les empêche en même temps de s'en apercevoir; ou bien encore que le principe de causalité n'est pas fait pour elles, parce qu'elles sont habituées à faire des miracles, ou parce qu'elles en voient partout, et que, lorsqu'elles ont quelque chose en tête, elles se flattent de suspendre aisément l'ordre de la nature et le cours nécessaire des causes et des effets. Non, dans leur esprit, comme dans le nôtre, résident ces lois supérieures, ces principes sans lesquels il n'y aurait ni pensée, ni entente et communion de tous les êtres humains dans la raison.

Que leur manque-t-il donc?

Ce n'est pas la finesse des sens. Tout ce qu'on a écrit à ce sujet est sans grande portée. Quand il serait vrai qu'elles ont l'odorat moins fin, et peut-être le goût, assertions d'ailleurs contestables, l'homme ne l'emporte pas sur elles pour la finesse du toucher et de l'ouïe, ni pour l'acuité de la vue; or ces sens importent autrement que les deux premiers, et fournissent bien plus de matériaux à la connaissance. Au reste, quel que soit le rôle des

sens comme source du savoir, ce n'est par sur eux
qu'on mesure la puissance intellectuelle, dans
laquelle ils n'entrent à peu près pour rien. Aristote,
Newton, Descartes avaient-ils des sens particulièrement délicats? Il ne nous importe guère de le
savoir. M. Pasteur n'a pas l'œil de l'oiseau, mais il
a son microscope. Et celui qui a inventé la lunette
astronomique était peut-être myope.

La mémoire des femmes ne le cède assurément
pas à celle des hommes : si l'on n'en cite pas qui
aient su par cœur, comme Villemain, tout Homère
en grec, c'est qu'elles n'apprenaient pas Homère.
Mais plus ou moins exercée, plus ou moins bien
meublée, la faculté de retenir est reconnue aux
femmes, avec un accord d'autant plus grand que
beaucoup leur reconnaissent cette faculté afin de
leur ôter à peu près toutes les autres.

Toute satire à part, voici quelques faits et
témoignages. Dans les examens, le fort des
femmes, leur triomphe, ce sont toujours les
épreuves où la mémoire joue le principal rôle; et
même dans les autres il est difficile de les empêcher de réciter, sans doute parce qu'elles se défient
d'elles-mêmes et s'attachent aux formules retenues,
comme plus sûres. C'est la plainte universelle,
jusqu'à l'agrégation des jeunes filles; le jury leur
reproche de ne parler sur les choses de la morale
même qu'avec leurs souvenirs, comme si les idées
ne leur inspiraient rien à elles-mêmes et ne les

touchaient pas [1]. Un jour, à l'examen du professorat des Écoles normales, on donne ce sujet : « Parmi les matières d'étude, en est-il une pour laquelle vous vous sentiez plus de goût et d'aptitude? » Les aspirantes ont choisi l'histoire, dans la proportion de quatre sur cinq. Dans les études historiques, on a remarqué cent fois qu'elles savent d'une façon impeccable l'histoire chronologique et anecdotique. Elles faiblissent dès qu'il faut rendre compte des faits, trouver et coordonner des raisons.

Par là s'explique aussi, sans doute, leur docilité, si charmante pour le maître qu'il ose à peine s'en plaindre. Pourtant j'en sais un qui n'avait que ce grief contre ses élèves des cours secondaires, mais qui en était exaspéré. Il ne pouvait arriver à faire dire aux meilleures elles-mêmes ce qu'elles comprenaient le mieux, autrement qu'il ne l'avait dit ou que ce n'était dit dans leur livre. « Donnez-nous votre parole d'honneur qu'il en est ainsi et nous vous tenons quitte du reste », disaient à Monge les jeunes gentilshommes de la légende. Les femmes croient sans parole d'honneur tout ce que leur dit un professeur aimé. Le malheur est qu'avec cette disposition on ne fait travailler que la mémoire; on donne dans les phrases toutes faites, on accepte les jugements tout faits qui sont mortels à la faculté

---

1. Cette observation du jury a été vraie, elle a cessé de l'être. (Note de l'éditeur).

de juger. Rappelons-nous l'épitaphe célèbre : *Vir beatæ memoriæ expectans judicium.*

Certes ce défaut ne leur est pas exclusivement propre. « Il y a dans ce monde si peu de voix et tant d'échos! » comme dit Gœthe. Et puis cette mémoire, jointe à la sympathie que nous leur connaissons et à l'imagination dont nous allons parler, fait la grande plasticité de leur esprit qui est une de leurs forces, et leur aptitude à tout s'assimiler, à s'acclimater à tous les milieux. « Et moi, dit d'elle-même Mme de Sévigné, bête de compagnie, comme vous me connaissez, je suis toujours de l'avis de celui que j'entends le dernier. » Seulement c'est aussi pour cette raison qu'elles ont si rarement des opinions à elles, et se contentent de celles de leur entourage. Et c'est aussi pour cela qu'elles sont conservatrices obstinées, même des usages bizarres ou futiles, même « des usages les plus gênants pour elles-mêmes ». Car c'est tout un d'être coutumières et d'être moutonnières, bêtes d'habitude et « bêtes de compagnie », selon le joli mot de Mme de Sévigné.

Ainsi l'aptitude mentale la plus incontestée chez les femmes semble se retourner contre elles et menace de limiter leur développement. Nombre d'observateurs qui semblent impartiaux sont prêts à leur accorder tout ce qu'on voudra en fait de plasticité, mais leur refusent tout en fait d'originalité intellectuelle. Le professeur Carl Vogt, de Genève,

dans un article de la *Wiener Mode* qui a fait
quelque bruit, résume bien l'accusation qu'on élève
contre l'impuissance de l'esprit féminin à être
autre chose que plastique et assimilateur, sans
originalité, sans élasticité, sans ressort. Ce n'est
pas la paresse de l'esprit qu'il reproche aux étudiantes qui se pressent à son cours : au contraire,
il constate avec chaleur qu'elles sont des « modèles
d'attention et d'application », qu'elles sont les plus
empressés et les plus assidus des auditeurs, qu'elles
prennent des notes avec une ardeur incroyable et
les apprennent avec une conscience sans égale. Mais
c'est cela même qu'il leur reproche, cette réceptivité
avide et excessive, qui fatigue et fait fléchir le
ressort trop faible de leur entendement. « Peut-être
s'appliquent-elles trop à porter à la maison, noir
sur blanc, ce qu'elles ont entendu... Souvent elles
ne jettent qu'un coup d'œil superficiel sur les pré-
parations que le professeur fait circuler ; quelquefois même elles les passent au voisin sans les
regarder : cela les empêcherait de prendre des
notes... Dans les examens, elles savent mieux que
les jeunes gens ; s'ils consistaient uniquement en
réponses écrites ou verbales sur des sujets traités
dans les cours ou dans les manuels, les dames
obtiendraient toujours de brillants résultats... Mais
une question indirecte leur fait perdre le fil ; dès
que l'examinateur fait appel au raisonnement individuel, l'examen est fini, on ne lui répond plus. »

La conclusion du docteur Vogt est que la femme est supérieure pour « l'emmagasinement des choses apprises », et inférieure « en tout ce qui concerne l'activité intellectuelle et le raisonnement personnel ».

Voilà des éloges qui finissent en vrai réquisitoire. Il est vrai qu'un des collègues de M. Vogt à la même faculté des sciences, interrogé sur ce sujet, n'a pas partagé son avis. Il a constaté au contraire que « l'individualité est, toutes proportions gardées, aussi rare chez les étudiants que chez les étudiantes », que la routine est aussi fréquente chez les uns que chez les autres.

La question est capitale et vaut la peine que l'on y insiste. Mais pour cela, nous devons considérer les autres facultés et aptitudes de l'esprit des femmes, l'imagination mère des inventions, la curiosité qui est le ressort de l'intelligence, les aptitudes scientifiques, enfin, faites d'abstraction et de raisonnement.

Les femmes, en général, ont beaucoup d'imagination ; il serait même à souhaiter souvent qu'elles en eussent moins. Car elles ne sont que trop disposées à tout exagérer, leurs peines, leurs craintes et leurs espérances, par conséquent leurs déceptions. Voir les choses comme elles sont, tout simplement, ne pas se créer de chimères, prendre le temps comme il vient et l'argent pour ce qu'il

vaut, ne rien compliquer, se dire qu'à chaque jour
suffit sa peine, quelle disposition heureuse et
enviable chez une femme! et quel homme sensé
croirait payer trop cher ce beau calme chez la
compagne de sa vie par le sacrifice d'un certain
éclat, de cette animation plus vive et plus sédui-
sante, mais aussi autrement hasardeuse, que donne
à l'immense majorité des femmes leur exubérante
imagination!

Tous les observateurs signalent cette. faculté
comme un trait caractéristique de leur nature, qui
fait la mobilité, l'agitation de leur esprit. Personne
ne l'a mieux dit que Mme de Lambert (*Avis d'une
mère à sa fille*) : « Comme on n'occupe les femmes
à rien de solide, cette faculté de leur esprit est souvent la seule qui travaille; elle fait toute l'occupation de beaucoup d'entre elles; elle décuple, si
elle ne fait à elle seule la vivacité de leurs plaisirs et de leurs peines. Spectacles, habits, romans
et sentiments, tout cela est de l'empire de l'imagination. Je sais qu'en la réglant vous prenez sur
les plaisirs; c'est elle qui... met dans les choses le
charme et l'illusion qui en font tout l'agrément;
mais pour un plaisir de sa façon, quels maux ne
vous fait-elle point! Elle est toujours entre la
vérité et vous; la raison n'ose se montrer où règne
l'imagination. Vous ne voyez que comme il lui
plaît; les gens qu'elle gouverne savent ce qu'elle
fait souffrir. Ce serait un heureux traité à faire

avec elle que de lui rendre ses plaisirs, à condition qu'elle ne vous ferait point sentir ses peines... Rien n'est plus opposé au bonheur qu'une imagination délicate, vive et trop allumée. »

Oui, c'est l'imagination qui, de concert avec le sentiment, conduit trop souvent non seulement le jugement, mais même la volonté de la femme. Et elle s'exalte encore quand la santé générale fléchit et que les nerfs prennent le dessus. Un grand bon sens naturel ou une culture fermement rationnelle peuvent seuls faire contrepoids à la poussée des images. Faute de ce contrepoids, l'imagination ne sert qu'à faire perdre pied ; elle est alors « maîtresse d'erreur et de fausseté, » comme on l'a dit, source d'erreurs sans fin, mère des illusions, des chimères gaies ou tristes, et de toutes les extravagances. Comment nier que la femme n'en offre assez souvent le spectacle ?

Il est vrai qu'il y a une autre imagination que cette sorte de mémoire imaginative si proche parente des sens, à savoir la faculté supérieure qui crée, qui invente, qui fait partie intégrante du génie. Elle est tout autre chose que la phosphorescence des images brutes, elle est bien plutôt leur coordination spontanée, leur mise en œuvre par une sorte de raison inconsciente. Et peut-être est-ce parce que l'imagination féminine est trop vive, qu'elle manque de puissance et de fécondité. Il faut bien reconnaître que les femmes sont peu inventives, si ce n'est dans la vie pratique, dans l'ordre des réalités concrètes qui leur sont familières. D'après une statistique faite il y a quelques années, 6 brevets d'invention seulement sur 54 000 avaient été pris par des femmes [1].

Je n'affirmerais pas que la femme, selon le mot de Proudhon, ait inventé même sa quenouille. Secrétan lui-même, si favorable à la cause de l'émancipation féminine, écrit : « La puissance créatrice de la femme est faible; comment expliquer autrement, par exemp¹ ; que les dames, avec toute leur musique, ne comptent pas dans leurs rangs un compositeur de troisième ordre? » Il ajoute « et pas un poète qui compte »; et il conclut que « l'éducation n'est pas seule responsable de ces choses-là ». Peut-être y a-t-il là un mot injuste. Mᵐᵉ Ackermann compte comme poète aux yeux de tous les connaisseurs. Sans sortir de France, et sans chercher quelques noms illustres à l'étranger, Mᵐᵉ Desbordes-Valmore a eu de grandes parties du génie poétique. Ne sont-ce pas aussi de vrais poèmes en prose, des œuvres d'imagination créatrice, en tous cas, que les romans de notre G. Sand? Je puis bien ajouter que j'ai entendu au Conservatoire une composition symphonique pour voix et orchestre, qui était l'œuvre d'une femme contemporaine, et qui m'a paru contenir des parties d'une grande beauté [2].

---

1. Dʳ Bourdet, cité par A. Martin. (*L'Éducation du caractère*, p. 192.)
2. Mᵐᵉ Augusta Holmès.

Il ne faut donc rien exagérer. Les femmes peuvent avoir une imagination supérieure, même créatrice; mais très peu nombreuses sont, en fait, celles qui ont porté cette faculté jusqu'à une véritable puissance. Et si dans l'ordre esthétique et littéraire elles ont quelques représentants éminents de leur sexe, les découvertes scientifiques et les inventions industrielles manquent prodigieusement à leur actif.

Est-ce à dire qu'elles en resteront toujours incapables par une sorte de fatalité naturelle, quelque effort qu'elles fassent ou qu'on fasse pour cultiver en elles leurs facultés rationnelles? La simple équité exige que nous ayons soin de faire la part, dans leur infériorité actuelle, de l'éducation qu'elles ont reçue jusqu'ici, et de leur mode de vie, de toutes leurs habitudes d'esprit traditionnelles; de la sorte, nous laisserons la porte entr'ouverte sur l'avenir[1].

Le commencement de la science, c'est la curiosité, le don de s'étonner, de douter, le besoin de savoir plus et de mieux comprendre. Jusqu'à quel point la femme a-t-elle cette qualité de l'esprit?

---

1. Gardons-nous de dire à la nature humaine : « Tu n'iras pas plus loin ». N'est-ce pas un miracle de l'imagination féminine que cette prodigieuse épopée, cet incroyable roman vrai d'une bergère ignorante, devenue à vingt ans chef d'armée, capitaine égal aux meilleurs de tous les temps, organe d'une œuvre politique immense, martyre d'une idée sublime?

Elle est rare déjà chez les hommes (comme l'invention d'ailleurs); mais il est vrai qu'elle est plus rare chez les femmes. Elles ont, au plus haut point, cette curiosité inférieure, qui n'est que la démangeaison de savoir de menues nouvelles pour les redire, de pénétrer les petits secrets, surtout ceux qu'on veut leur cacher (c'est l'attrait du fruit défendu); mais elles manquent étrangement, abandonnées à elles-mêmes, de cette curiosité qui fait les chercheurs et les savants, et qui est la passion de connaître, d'arracher la vérité au passé, à la nature, sans autre mobile que l'amour de la vérité. Ces deux genres de curiosité ont bien pour fond commun une certaine activité d'esprit; mais cette activité est si différente de part et d'autre, qu'on pourrait dire qu'un de ces goûts, dès qu'il est vif, exclut l'autre, que la grande curiosité tue la petite, et que celle-ci est toujours une marque de médiocrité intellectuelle.

Les biographies des savants sont toutes pleines des marques précoces qu'ils ont données de la plus haute curiosité. J'ai eu pour camarade un enfant qui, ayant vu dans l'histoire ancienne de Duruy un tableau des caractères hiéroglyphiques, se mit en tête, dans la classe de sixième, tout seul, sans encouragement d'aucune sorte, même sans confidents, d'apprendre les hiéroglyphes. Pendant dix ans, il consacra son argent de poche (quelques sous par semaine) à acheter sur les quais, les jours de

sortie, tout ce qu'il trouvait chez les bouquinistes
de relatif à la langue et à l'histoire de l'antique
Égypte. On s'aperçut un beau jour avec stupéfaction qu'il savait tout de bon l'une et l'autre. Il est
aujourd'hui le premier égyptologue de l'Europe. Il
s'appelle Maspero. Non vraiment, je n'ai pas
entendu dire qu'une femme ait jamais donné
pareille preuve de curiosité scientifique; et il est
bien certain qu'une curiosité de si bon aloi met une
sorte d'abîme (tant elle est un trait élevé de la
nature humaine et importe pour le développement
intellectuel) entre ceux qui l'offrent à ce point et
ceux qui n'en ont pas trace.

Mais ne serait-il pas un peu naïf à nous autres
hommes d'en parler comme si elle était courante
dans notre sexe, et impossible à l'autre? Une mul-
titude d'hommes, même parmi les plus cultivés, ne
sont pas naturellement curieux et le sont très peu
devenus. Quelle raison a-t-on de croire que ces
jeunes filles qui font avec une passion si sincère et
si soutenue des études longues et difficiles, n'y
apportent pas autant de curiosité, et d'aussi bon
aloi, que la moyenne au moins des garçons qui
font les mêmes études d'une façon souvent bien
plus languissante et sans plus d'originalité? Ici
donc encore contentons-nous de constater le fait
tel qu'il est dans le présent. Pour moi, je ne vois
pas ombre d'impossibilité ni d'invraisemblance à
ce que la curiosité futile qui est encore celle de

l'immense majorité des femmes, même de celles
qui ont reçu une brillante éducation, se change peu
à peu en une curiosité large, désintéressée, vraiment intellectuelle. Je crois au contraire que cela
se produira tout naturellement, et de plus en
plus, à mesure que l'on donnera aux femmes une
culture sérieuse, aussi solide que celle des hommes,
quoique non pas la même tout à fait, et conduite
d'après les mêmes méthodes. Mais il faudra pour
cela, naturellement, que les hommes cessent d'en-
courager et de goûter presque exclusivement chez
les femmes cette même futilité qu'ils leur repro-
chent, d'avoir horreur du sérieux chez elles, de
ridiculiser leur savoir, et de les vouloir uniquement
soucieuses de leur plaire.

Supposons maintenant que la curiosité y soit, les
aptitudes proprement scientifiques y seront-elles?
Ces aptitudes, ce sont essentiellement les facultés
d'abstraire, de généraliser, de raisonner. Or ce sont
celles, de beaucoup, qu'il est le plus ordinaire d'entendre refuser à la femme. On dit couramment que
la femme, comme l'enfant, a horreur de l'abstraction, et qu'elle est incapable de former et de manier
correctement les idées générales. Il y a du vrai
sans doute dans ces reproches. Pourtant, prise à la
lettre, l'assertion ne soutiendrait pas l'examen.
La femme parle la même langue que l'homme
et fait avec succès les mêmes études. Elle apprend

parfaitement la géométrie, l'algèbre, les mathématiques supérieures. La licence ès sciences mathématiques est, si je ne me trompe, le premier grade
supérieur qu'ont pris les bachelières, dans nos
facultés, quand elles ont voulu pousser leurs études.
Elles ont enseigné plus d'une fois les mathématiques avec succès. Dès le xviiiᵉ siècle, je trouve en
Italie une savante, du nom de Laura Bassi, née à
Bologne, qui, à l'âge de vingt et un ans, soutient
publiquement la thèse du doctorat en philosophie,
et bientôt après obtient la chaire de philosophie à
l'Université de sa ville natale. Elle savait la géométrie, l'algèbre, le grec; elle composait des vers en
latin et en italien... Mariée, et mère de plusieurs
enfants, elle n'en garda pas moins sa chaire, qu'elle
occupa jusqu'à un âge avancé. Exception, certes,
mais la haute culture philosophique et scientifique
est toujours une exception. De nos jours Mᵐᵉ Kowa-
lewska, qui vient de mourir professeur à l'Université de Stockholm, était, paraît-il, un géomètre de
premier ordre. Elle a formé des élèves qui sont eux-
mêmes des savants. Notre Académie des sciences
lui a décerné en 1888 le grand prix des sciences
mathématiques; et les membres de la section de
géométrie, après examen de son mémoire, y ont
trouvé non seulement la preuve d'un savoir profond, « mais encore la marque d'un grand esprit
d'invention ». Deux ans plus tard (11 octobre 1890),
M. Tisserand, dans une communication à la même

Académie, sur la mécanique céleste, parlait des
« progrès récents dus notamment à Mme Kowa-
lewska ».

Je rappelle aussi le nom de Sophie Germain, née
à Paris, qui s'est illustrée par des découvertes
importantes dans le domaine des sciences mathématiques.

La preuve est faite, il me semble, que la femme
peut être un grand mathématicien et qu'il n'y a pas
d'incompatibilité radicale entre ses dons naturels et
la plus haute culture scientifique, du moins dans
l'ordre des sciences exactes; qu'entre elle et
l'homme, la différence à cet égard est simplement
une différence de proportion, tenant sans doute à
une différence profonde des goûts, des besoins, des
mœurs et de l'éducation.

Mais quoi! ne reste-t-il donc rien de la critique
que je discute?

Au contraire, elle reste tout entière, si, au lieu de
s'égarer dans le vague, elle se restreint, se précise,
et va droit au point où elle porte. Au lieu de nom-
bres, de figures ou de concepts, auxquels l'esprit
féminin guidé par de bonnes méthodes est parfaitement capable de s'appliquer avec succès, qu'il
s'agisse des choses réelles, des phénomènes de la
nature ou de la vie humaine, là, tout ce qu'on dit
de l'impuissance de la femme à abstraire, de son
inaptitude à généraliser correctement, de l'étran-
geté de ses raisonnements, est profondément vrai;

et cette vérité, notre devoir est de la mettre ici en pleine lumière, quoi qu'il doive en résulter pour l'application pédagogique.

Si je dis que l'idée abstraite sépare par la pensée ce qui est confondu dans le concret, c'est-à-dire pour les sens et le sentiment; que l'idée générale est le contraire de l'impression particulière; que le raisonnement, enfin, c'est la pensée attentive cheminant avec précaution, n'allant du point de départ au but que par une longue série de points intermédiaires, j'aurai simplement rappelé des définitions élémentaires. Tout se ramène à cela cependant. Nous avons reconnu déjà que la pensée de la femme est essentiellement concrète, particulière, personnelle, intuitive, que là est sa force à la fois et sa faiblesse. Comme il faut bien qu'on ait les défauts de ses qualités, c'est presque une pure tautologie de dire maintenant que la femme répugne à l'abstraction, à l'examen analytique de ses préjugés; qu'elle ne s'élève pas facilement d'elle-même aux idées générales, surtout aux généralisations sûres et méthodiques; que sa vivacité naturelle et la force impulsive du sentiment la font volontiers sauter à pieds joints par-dessus les longues chaînes des raisons froides, tantôt, il est vrai, pour tomber mieux et plus juste que si elle usait de la raison raisonnante, mais tantôt aussi, et souvent, il faut le dire, pour tomber absolument de travers. Sur tous ces points, nous avons l'aveu honnête de toutes les femmes qui en ont écrit, Mme Guizot, Mme de Rémusat, Mme Necker de Saussure. « La logique n'a été faite ni par la femme ni pour la femme », m'écrivait une femme très distinguée en répondant à une petite enquête que j'avais instituée à ce sujet. M. Th. Ribot ayant dressé un questionnaire pour savoir comment les différents esprits conçoivent les idées abstraites, de *cause*, par exemple, ou de *nombre*, etc., a trouvé que les femmes les conçoivent toujours d'une manière concrète, les rapportant à des objets particuliers et à des expériences déterminées. C'est bien cela. Elles pensent essentiellement par exemples et cas particuliers; ce qu'elles ont vu et entendu, plus encore ce qu'elles ont éprouvé, ce qu'elles sentent, leur éclaire, ou leur obscurcit, selon les cas, tout ce qu'on peut leur dire. Incomparables pour l'analyse des sentiments qui leur sont familiers, elles écrivent comme personne des pages familières de psychologie intime, plus ou moins autobiographiques. Mais elles ne trouvent jamais d'elles-mêmes les formules générales et abstraites; et elles ne s'y intéressent qu'autant qu'elles résument leur expérience personnelle; en dehors de là, elles les apprennent et les répètent, mais à vide, pour ainsi dire, sans les préciser ni les vérifier. Ce n'est certes pas de généraliser qu'elles sont incapables, mais de généraliser avec lenteur, méthode, scrupule et correction.

De même pour le raisonnement; elles raisonnent quelquefois trop, mais trop vite, en prenant pour accordé ce qui est en question, pour décisifs des arguments sans valeur, en concluant d'un cas à tous, en tirant le plus du moins, en donnant tête baissée dans les sophismes inconscients. Prenez-en la liste dans la logique de Stuart Mill, par exemple; vous reconnaîtrez sous chaque rubrique des façons de raisonner familières aux femmes. Préjugés et superstitions posés·en principes irréfragables, préférences personnelles données pour des raisons, empire souverain des mots, généralisations hâtives et passionnelles, fausses analogies, pétitions de principes, autant de façons de se fourvoyer logiquement, qui sont communes, certes, aux deux sexes, mais infiniment plus habituelles aux femmes, parce qu'à la racine il y a, outre la faiblesse et l'incurie de la pensée humaine en général, ces dispositions mêmes qui sont le propre de l'esprit féminin, l'intuition vive et si souvent heureuse, le sentiment, l'imagination. Rien de fatigant, neuf fois sur dix, comme de discuter avec elles, j'entends avec les mieux douées et même les plus cultivées. Un jour je causais paisiblement avec une femme supérieure des conférences que faisait le P. Félix à Notre-Dame sur le paupérisme; j'exprimais mon admiration pour la forme, et mes doutes sur l'efficacité pratique. Le fond, disais-je, est peut-être un peu maigre, pas assez neuf, sans proportion avec l'attente générale, car il revient à dire : que les pauvres soient résignés, et que les riches soient charitables. « Mais, monsieur, quand vous aurez supprimé la charité, qu'est-ce qu'on fera? » me dit avec passion mon interlocutrice. De ce que je trouvais insuffisant le remède proposé par le prédicateur pour résoudre, à l'avenir, tous les problèmes économiques, elle concluait que je voulais supprimer la charité. Bel exemple d'inaptitude à distinguer, à voir comment se pose une question.

Autre exemple, plus piquant peut-être. Nous causions mariage familièrement, une jeune fille que j'ai vue naître, sa mère et moi. « Je ne me marierai, dit la jeune fille, que quand je trouverai un mari comme papa. — Mais imprudente, repris-je, ne dis pas cela ! Est-ce que tu te figures que tu trouveras facilement un homme comme ton père? » Ce qui voulait dire bien évidemment que j'appréciais beaucoup le rare mérite de son père. Or j'appris incidemment dans la suite que la fille avait versé ce soir-là d'abondantes larmes, voyant bien « que je ne l'aimais pas, que je ne voulais pas son bonheur ! » Elle avait compris que je ne voulais pas qu'elle épousât un homme de valeur.

Il n'y a donc rien de plus nécessaire que d'apprendre la logique aux femmes, de leur apprendre à discerner d'abord ce qui est en question, puis ce qui est prouvé et ce qui ne l'est pas, à distinguer les probabilités des certitudes, à peser les raisons

de croire, à se défier de soi et des autres, à suspendre son jugement, à faire de patientes enquètes.
Tout cela est difficile à tout le monde; mais la
femme, jusqu'ici du moins, y est notablement plus
impropre que l'homme. Il faudra du temps pour
que la culture corrige les faiblesses de son esprit.

Nous voici à même de conclure sur l'intelligence
de la femme. Elle en a beaucoup, elle l'a très vive
et très brillante, mais moitié par le fait de la nature,
moitié par le fait de l'éducation, elle l'a décidément
un peu superficielle en sa vivacité même, un peu
courte de vue, plus rapide que sûre, plus fine que
solide, plus instinctive que scientifique. Ce n'est
pas une raison pour ne pas lui donner une forte
culture, au contraire. Ce n'est pas une raison pour
faire fi de son désir de s'instruire, mais bien pour
se défier un peu du genre de savoir dont elle est
avide et dont elle se contente trop volontiers. Nous
ne dirons pas avec Cherbuliez « que les femmes
portent leur science comme leur montre, pour qu'on
sache qu'elles l'ont, quoique ordinairement elle
n'aille pas, ou qu'elle aille mal »; nous dirons plutôt
avec Mᵐᵉ de Maintenon qu'elles « ne savent qu'à
demi », parce qu'elles se contentent trop facilement
de savoir de seconde main, sans rien contrôler, surtout sans découvrir par elles-mêmes, ce qui est la
vraie façon de savoir à fond.

Leur esprit naturel vaudra toujours, je crois,

mieux que leur savoir, et il ne faut à aucun prix
l'étouffer en les instruisant. Elles ont beaucoup
d'esprit dans presque tous les sens du mot, esprit
de finesse surtout, rapidité, souplesse, diplomatie,
tout l'esprit qui fait comprendre à demi-mot, tout
cet « art de pénétrer les choses sans s'y empêtrer »,
qui est l'essence même de l'esprit, selon le mot de
Bersot. Une femme bien élevée ne dit jamais de
sottises ; mêlée à des conversations qui la dépassent,
elle excelle à se taire par réserve naturelle, à écou-
ter par bonne grâce, à comprendre par don d'assimilation, à ne pas parler de ce qu'elle ne sait pas.

Aussi parlent-elles à ravir, et elles excellent dans
la conversation écrite, dans le genre épistolaire, dans
le roman intime. Mais les genres où la maîtrise des
idées, la logique, l'enchaînement, la force des peintures sont nécessaires, leur sont presque fermés, le
drame, l'histoire, par exemple. Elles sont, en général, bien moins douées encore pour les sciences
que pour les lettres, je ne parle pas de l'assimilation du savoir scientifique (surtout élémentaire),
mais de la recherche et de la découverte.

On leur apprendra peu à peu, si on s'y prend bien,
à penser scientifiquement ; on les corrigera dans
une certaine mesure de cette redoutable docilité,
de cette suggestibilité, si l'on peut dire, qui leur
fait regarder comme infaillible quiconque affirme
avec force n'importe quoi. Il y aura sans doute à
faire pour cela ; et ce ne sera pas l'œuvre d'une

génération. Car il ne s'agit pas, qu'on y prenne
garde, d'émanciper purement et simplement leur
esprit, mais de le discipliner. De savoir maintenant
jusqu'où il ira de lui-même dans la recherche,
c'est une autre question, comme de savoir aussi
jusqu'à quel point il convient de le pousser express-
sément de ce côté. On n'a pas, je le crois, à craindre
de dépasser le but. Si je croyais le danger réel, je
serais d'avis sans doute d'éviter l'excès; mais
j'ajouterais que c'est aux femmes à se borner librement, non à notre tyrannie à les borner.

Au reste, la recherche et la découverte scientifiques vont assez bien comme cela, il semble.
L'œuvre de l'humanité n'est pas toute dans le laboratoire des savants, ni dans le cabinet des philosophes. La femme a d'autres façons d'y travailler
que de devenir, elle aussi, philosophe et savante.
Son rôle est ailleurs, et autre est sa fonction. Au
lieu de travailler exactement comme nous et aux
mêmes choses, de nous doubler en tout, et d'avoir
comme idéal de devenir un Descartes, un Newton
ou un Pasteur, il suffit qu'elle s'intéresse sérieusement aux travaux des hommes, qu'elle les com-
prenne et les encourage. Elle y collabore rien qu'en
s'y intéressant, parce qu'elle force l'homme à y
mettre plus de lumière et de chaleur; elle les récompense et les encourage rien qu'en les goûtant. Quel
besoin y a-t-il qu'elle produise des œuvres littéraires ou scientifiques? Avant tout, elle doit nous

apprendre à mieux vivre, nous rappeler au bon goût,
à la bonté, à la beauté, à l'amour, à tout ce qui fait
le prix de la vie. Il n'est pas jusqu'à son esprit de
conservation et de tradition qui n'ait toute son
utilité et tout son prix, une fois corrigé par la culture libre et rationnelle en ce qu'il a d'excessif. Je
suis assez de l'avis d'Amiel, en somme, que la
défense des usages, des mœurs, des croyances, des
traditions est, tout comme l'impulsion des chercheurs et des hardis novateurs, un facteur de l'équilibre du monde moral, et assure, en la ralentissant.
la marche de l'humanité en progrès. Or ne se pour
rait-il pas que ce fût là, avec la maternité et l'adou-
cissement de la vie sociale, une fonction essentielle
de la femme? que son rôle, « analogue à celui de
l'azote dans l'air vital », soit de « ralentir la com-
bustion de la pensée? » (Amiel).

DIXIÈME LEÇON

La volonté féminine.

Nature de la volonté; ses deux modes principaux. — La volonté chez la femme dans une étroite dépendance du sentiment. — Son manque d'initiative. — Son manque de vigueur et de suite dans l'exécution. — Formes de la volonté féminine : le caprice; la patience; l'endurance; l'entêtement. — Grandes difficultés dans l'éducation de la volonté.

Dans la vie humaine, la sensibilité fournit les mobiles d'action et donne le branle; l'intelligence est le conseil, car elle fournit les raisons, les motifs, la lumière qui nous dirige; la volonté, en tant qu'elle se distingue de ces deux facultés, c'est essentiellement l'énergie active prise en elle-même, avec ses qualités propres de force ou de faiblesse. Les doctrines purement déterministes ne voient dans la volonté qu'un terme abstrait qui désigne le mode habituel, la qualité moyenne des volitions d'un sujet donné; et dans la volition, que la résultante nécessaire des mobiles et des motifs. Selon

nous, au contraire, la volonté c'est le fond même
de l'âme, l'énergie intime qui entre comme
premier facteur dans nos sentiments et nos pensées pour en faire la puissance. Sentiments et pensées, en effet, ne sont pas des choses extérieures à
nous qui nous poussent mécaniquement du dehors;
ils sont nôtres essentiellement, et même quand ils
doivent en partie leur direction à des causes et circonstances indépendantes de nous, leur énergie
n'est jamais que notre énergie même, leur intensité
n'est autre que notre activité propre orientée de
telle ou telle manière. Cela, de quelque manière
qu'on se figure l'essence métaphysique de cette
énergie, du principe actif qui est en nous, qui est
nous-même.

D'ailleurs elle ne paraît pas identique simplement
à l'énergie vitale; car il y a des gens chez qui la vie
physique est débordante et dont la force morale est
presque nulle, tandis qu'on rencontre parfois une
volonté de fer, une indomptable énergie morale
dans des corps frêles et débiles, ruinés par les pri-
vations ou les souffrances. Si l'activité humaine est,
au fond, simple et de même nature, ce que nous
ignorons totalement, il faut avouer tout au moins
qu'elle prend des aspects différents au point de
paraître contraires, selon qu'elle se répand en
mouvements extérieurs presque purement instinc-
tifs, ou qu'elle s'applique à contenir et à empêcher
ces mouvements, à dominer les impulsions, à

coordonner les idées. Au sens fort et supérieur du mot, la volonté est à l'opposé, pour ainsi dire, de l'activité instinctive et extérieure, elle est la faculté de l'effort intime, la possession de soi, l'empire exercé sur les impressions et impulsions naturelles selon une règle que l'on s'impose à soi-même. La volonté, en fin de compte, est bien autonome. Elle consiste à se contrôler et à se diriger soi-même.

Rien ne nous empêche de parler le langage de tout le monde et de distinguer avec le sens commun deux temps ou deux modes dans le vouloir.

1° Le vouloir d'initiative et d'entreprise, autrement dit la décision ou résolution.

2° Le vouloir d'exécution, autrement dit la fermeté, la suite et la constance dans les desseins, qui fait qu'on n'a pas de cesse que l'on n'ait accompli jusqu'au bout, coûte que coûte, ce que l'on avait résolu : c'est surtout la dernière de ces deux facultés qui fait la qualité et la force du vouloir. Un indécis, qui ne saurait jamais prendre parti, manquerait sans doute du premier élément de la volonté. Mais le cas est rare; neuf fois sur dix, on décide assez, seulement on ne se tient pas ferme à ses desseins. En revanche, il n'est pas impossible que l'indécis qui se résoudrait lentement et après force hésitations eût une volonté de fer, si une fois résolu, il ne démordait plus de son dessein, combinait vigoureusement les moyens de l'accomplir, et ne se reposait pas qu'il ne l'eût mené à bien.

Au contraire, celui-là manquerait presque absolument de tout ce qui fait le vouloir digne de ce nom, qui se résoudrait vite, mais changerait de dessein à la première difficulté, et renoncerait à ses entreprises aussi facilement qu'il les aurait formées. C'est précisément le fait de cette activité agitée, changeante et sautillante qu'on appelle le caprice. Sauter ainsi de çà de là, comme les chèvres, ou selon le mot de Kant « comme les mouches », c'est peut-être la pire façon de manquer de volonté, tout en se figurant qu'on en a, et d'être tout le contraire d'un *caractère*.

Il y a une autre sorte de faiblesse de la volonté, je veux parler de l'entêtement, qui tient souvent à un manque d'impulsion et qui se confond alors avec l'inertie morale, mais qui peut tenir aussi à un manque de toute idée et qui ressemble à une raideur de la faculté d'agir, butée devant le premier obstacle.

Mais ces analyses iraient à l'infini. Revenons à la femme. D'une manière générale la faiblesse des femmes est pour ainsi dire proverbiale. « O frailty, thy name is woman », dit Shakespeare ; et cela s'entend de la faiblesse morale. « Lâche comme une femme », c'est une injure suprême que les hommes se disent entre eux, prenant pour axiome, en quelque sorte, qu'un homme ne peut sans honte se contenter de la force morale d'une femme. Et les femmes elles-mêmes semblent disposées à confirmer cette opinion. La prédilection instinctive qu'elles ont presque toutes pour la force des hommes d'action, est un aveu implicite; car c'est une loi qu'on s'attache surtout à ce qu'on n'a pas soi-même, à ce qui vous complète. Le lierre a besoin d'appui. « La douceur est la vertu de notre sexe, dit Mme de Maintenon; il faut laisser aux hommes le courage et la bravoure de se laisser tuer de sang-froid... Ce qui nous convient, c'est l'honnêteté, la modestie, la douceur et la timidité. »

Et pourtant les témoignages ne manquent pas en faveur de la force et du courage dont les femmes peuvent faire preuve à l'occasion.

Est-il utile de rappeler ici les héroïnes de tous les temps qui ont été admirables, non pas de résignation et d'endurance, mais de courage actif et même guerrier? Sénèque dit que la statue équestre de Clélie fit plus d'une fois honte à la mollesse des jeunes Romains. Tacite parle avec admiration de la femme de ce même Sénèque, qui se fit ouvrir les veines pour mourir avec son mari; on arriva à temps pour la sauver; mais il lui resta une pâleur qui longtemps attesta son courage comme son dévouement conjugal. C'est encore dans Tacite que se rencontre le trait de cette courtisane, Epicharis, qui s'étrangla dans sa litière pour ne pas faiblir devant les juges et ne pas dénoncer ses complices, pendant que tous les conjurés se dénonçaient les uns les autres.

Dans la barbarie orientale on a vu de tout temps des femmes s'ensevelir ou se faire brûler vives avec le corps de leurs maris. On en a vu partout donner leur vie plutôt que de sacrifier leur honneur. J'ai lu dans une correspondance du Tonkin qu'à Tourane, le 24 octobre 1886, on exécuta un Annamite et sa belle-mère, porteurs de lettres d'un chef de la rébellion ordonnant l'incendie du magasin à riz et de la caserne. Il fallait faire un exemple parce que les incendies se multipliaient dans la ville. « La femme annamite est morte bravement, disait le narrateur, pendant que son fils se lamentait. » L'histoire des guerres de la Révolution et de l'Empire nous offre plusieurs exemples de femmes volontairement enrôlées et qui firent l'admiration des plus braves, notamment ces demoiselles Fernig (Félicité et Théophile) célèbres vers 1793 dans l'armée de Dumouriez; et en Russie, cette Nadjeda Andreevna Dourov qui s'engagea à seize ans, sous le nom d'Alexandrov, dans un régiment de uhlans, fit toutes les campagnes de 1806 à 1813, combattit à Smolensk et à Borodino, et quitta le service en 1817 avec le grade de capitaine d'état-major.

Que tous ces faits aient quelque chose d'exceptionnel, il faut l'avouer; mais on avouera aussi qu'il serait d'une psychologie par trop simpliste d'attribuer aux hommes le privilège exclusif de la force d'âme. Beaucoup d'entre eux ont une vertu « plus

délicate encore, et plus blonde » que celle des femmes, comme dit Mme de Sévigné.

La vérité paraît être qu'elles sont aussi courageuses
à leur manière. Elles agissent moins, surtout avec
moins d'initiative et de hardiesse (à l'ordinaire); mais
elles supportent aussi bien ou mieux, dans la mesure de leur vigueur physique. Elles souffrent bravement de toutes les manières qui sont à leur portée;
« elles aiment mieux souffrir que de déplaire, et
braveraient bien plutôt la douleur que l'opinion »,
dit Thomas. Mais elles bravent l'opinion même,
quand un fort sentiment les pousse ou les soutient.

Il y a une chose qui devrait empêcher les hommes
d'oser parler du manque de courage des femmes,
c'est le cas du séducteur qui n'oserait pas tromper
un être aussi fort que lui, mais qui, sûr de l'impu-
nité, ne connaît pas le remords devant les larmes
qu'il fait verser. En dépit des circonstances atté-
nuantes qu'il trouve dans la complicité de l'opinion
et le pauvre état de la conscience publique à cet
égard, c'est bien près d'être là le dernier degré de
la lâcheté.

Ainsi, d'une manière générale, la volonté de
la femme, expression de toute sa nature, reflète
surtout et essentiellement son cœur, et dépend, en
énergie et en qualité, de la force et de la valeur
des sentiments auxquels elle obéit toujours. Mais
descendons maintenant dans le détail.

En ce qui concerne la décision, la résolution, on accordera que la femme en manque plus ordinairement que l'homme. Faut-il croire que c'est par mollesse, par paresse, parce qu'elle n'a pas de ressort ou d'impulsion? Bien plus que le manque d'impulsion, ce qui l'empêche de se décider fermement, c'est l'excès d'impulsion; ce n'est pas de manquer de mobiles, c'est d'en avoir trop et d'être le jouet d'impulsions contraires. Impulsives comme nous l'avons vu, voilà pourquoi elles ont si rarement cette résolution personnelle qui est le premier trait d'un caractère.

Impulsion et initiative, n'est-ce donc pas à peu près la même chose? En effet, rien n'est plus voisin, mais à deux conditions pour le moins : d'abord, que l'impulsion, unique ou tout à fait dominante, soit, de plus, durable, et commence véritablement quelque chose, une série d'actes qui se tiennent; puis, que l'impulsion soit quelque peu réfléchie, de façon qu'on puisse dire que la raison l'accepte et la fait sienne, et non qu'elle est entraînée machinalement ou subjuguée par elle.

Or, ces deux conditions manquent souvent chez la femme, tantôt en raison de la vivacité et de la multiplicité des impulsions diverses qui l'agitent, tantôt en raison de la violence irrésistible de l'impulsion unique qui l'emporte. Dans le premier cas, elle n'a que des velléités contradictoires et courtes, des caprices, qui ne sont qu'une espèce d'indécision, même quand elle a l'air très décidée. Vingt désirs successifs ne font pas une décision. Dans le second cas, elle est la proie d'une passion irréfléchie et aveugle, d'une sorte de vertige, qui n'est rien moins que la volonté, même quand elle est le plus véhémente. « La femme, a-t-on dit, n'ose pas, ou elle ose trop. » Ce sont deux signes de faiblesse.

Mais il y a plus : la nature d'esprit de la femme, essentiellement imitatrice et suggestible, l'empêche encore d'une autre manière d'égaler l'homme en décision et en initiative. Elle a, nous l'avons vu, une certaine incapacité de penser par elle-même qui lui rend difficile d'entreprendre quelque chose de réellement nouveau. Même quand elle obéit à de vrais motifs conscients, non à de simples mobiles passionnels, ces motifs lui viennent tout faits de son milieu, de l'opinion ambiante, de la tradition et de la coutume, ou d'un guide particulier. Elle les subit plutôt qu'elle ne les pèse. Cela est si vrai, en général, que quand une femme est de la minorité, par exemple en politique, on peut trouver toujours l'inspirateur, le dominateur de sa pensée, de son cœur et de sa conduite (mari, amant, ou prêtre). Même les plus fortes ont et avouent un besoin profond, impérieux d'appui et de soutien. Il leur faut un étai moral, une volonté qui décide pour elles et sur laquelle elles se reposent. Parfois, quand le mari manque, elles font le grand effort de vouloir par elles-mêmes, de conduire seules toute leur maison et toute leur vie; mais c'est là une suprême fatigue; elles en font l'aveu touchant dans l'intimité, pendant que le monde admire leur courage. Cette faiblesse foncière est ce qui les fait, à nos yeux, femmes, et très femmes. Celles qui ont vraiment une énergie indomptable (j'en connais) inspirent peu de sympathie. C'est dire que si le cas peut se présenter, il étonne et choque presque comme anormal.

Ce manque relatif d'initiative, de confiance en soi, de consistance personnelle, pour ainsi dire, est si ordinaire et si normal chez les jeunes filles, qu'il fait presque partie pour elles du *comme il faut*. Personne n'aime en effet à leur voir une indépendance d'esprit et de conduite qui chez elles paraîtrait toujours dangereuse. Dans toutes les maisons d'éducation, on remarque leur besoin d'aide et d'appui. Bien plus que les garçons, il faut les soutenir dans leur travail, surtout dans leurs examens. Il a fallu une vraie bravoure aux premières qui ont osé s'aventurer, seules, à leurs risques et périls, dans nos grands examens publics où tout le monde est inconnu, anonyme, pour ainsi dire, et où chacun est abandonné à ses seules forces. *Illi robur et aes triplex circum praecordia...* Cependant elles ont fait cet effort, et l'exemple a été suivi; et l'on ne voit pas, à tout prendre, que le besoin de se sentir « recommandé » soit plus fort chez nos candidates que chez leurs frères. Ce serait peut-être le contraire, mais seulement parce que l'élite seule, une très petite élite de jeunes filles affronte les examens auxquels je fais allusion.

Bon terrain pour s'exercer à la vaillance permise et de bon aloi. Car enfin, la femme, presque autant que l'homme quand elle est unie à lui, et plus que l'homme quand elle est seule, a besoin de décision et de force. Il faut donc cultiver en elle la volonté d'initiative et de décision autonome, mais sans porter atteinte à la féminité : c'est là peut-être la plus grande difficulté de son éducation.

Nous sommes passés insensiblement, car ici tout se tient, de l'initiative et de la décision à l'exécution. Et la patience dans l'exécution, la suite dans les desseins manquent aux femmes autant, semble-t-il, que l'initiative. Elles commencent très bien nombre de choses; mais peu savent achever. J'ai observé dix fois la chose sur le vif. On entreprend, par exemple, à la campagne, pendant les vacances, de faire de la pâtisserie. A trois ou quatre jeunes filles, sous la direction d'une jeune tante, on confectionne, avec un joyeux entrain, une tarte. On la pare, on la dore; quelquefois on va jusqu'à la mettre au four; puis : « Marie, vous la ferez cuire ! » Et l'on passe à autre chose. Vienne l'heure de la manger, on découvre avec stupéfaction qu'elle n'a pas changé de couleur, que la chaleur a manqué, ou bien qu'elle est calcinée. C'est toujours ainsi, et cela se renouvelle depuis des années; et personne ne s'avise, pas plus la jeune femme que les jeunes filles, que faire une tarte, cela implique la cuisson comme le reste, qu'il faut rester là, veiller jusqu'au bout à son œuvre. Je me demande si trois ou quatre garçons ensemble manqueraient à ce point du souci d'aboutir.

La cause de ce défaut de suite, il n'y a pas loin à la chercher; c'est toujours la même au fond, à savoir la mobilité, qui tient elle-même à l'impressionnabilité extrême. De là leur inconstance dans l'action. « L'homme est poussé par la passion, dit Jean-Paul Richter, la femme par les passions; celui-là par un grand courant, celle-ci par des vents changeants. » Et la volonté des femmes est ainsi capricieuse à plaisir; elles s'en font gloire parfois; bien à tort, car cela n'a pas le charme qu'elles s'imaginent; leurs caprices fatiguent vite; c'est plutôt, comme dit La Bruyère, le remède et comme le contre-poison qui corrige l'effet de leur beauté.

Mais le caprice leur est naturel, et il serait faux de se figurer qu'il est de leur part systématique et voulu. Non, c'est très innocemment que leur vouloir est plein de surprises et d'imprévu. Un écarteur landais, expliquant à un curieux les courses landaises, s'écriait : « Un taureau, voyez-vous, est moins dangereux : on finit toujours par le connaître... Une vache, on ne la connaît jamais. » Peut-être n'était-ce qu'une malice. Mais si le fait est vrai, disons que la vache landaise n'est pas plus à blâmer

pour ses à-coups que la jolie femme pour ses caprices; la cause est, de part et d'autre, la soudaineté
des impressions.

Dans son étude sur les maladies de la volonté,
Th. Ribot a fait une grande part au caprice, qui,
en effet, à la limite, est une maladie du vouloir. Il
le trouve prédominant, à titre de tare caractéristique, chez les nerveuses et les hystériques. L'exagération du phénomème dans ces cas morbides en
fait d'autant mieux saisir la nature.

Th. Ribot étudie à part le caprice et la faiblesse
de l'attention. Cependant, dans les deux cas, c'est le
pouvoir de direction et d'adaptation qui manque : il
y a prédominance de l'activité spontanée, surabon-
dance d'images et de sentiments, absence de ces
« actions d'arrêt » dues à l'effort conscient et qui
font proprement le vouloir. « Les enfants, les femmes, et en général les esprits légers ne sont capables
d'attention que pendant un temps très court, parce
que les choses n'éveillent en eux que des sentiments
superficiels et instables. » Le sentiment fort et
durable serait au fond l'unique ressort de l'attention
suivie, qui ne devient volontaire que par l'aptitude
du sujet à se suggestionner lui-même durablement
par un effort qui arrête les impulsions contraires.
« La faculté de fixer l'attention sur un objet dépend
donc de l'inhibition du mouvement. » C'est pour
cela que le promeneur s'arrête court quand sa
méditation devient intense.

La femme serait donc peu capable de réflexion intense, parce qu'elle serait trop peu maîtresse des mille petits mouvements soit superficiels, soit profonds, mais contraires, qui la dispersent.

Eh bien, ce n'est pas une autre cause, au fond, qui fait le caprice, ce mode d'action si faussement appelé volontaire, qui tient au contraire à ce que la volonté ne se constitue pas, ou ne le fait que sous une forme chancelante, instable et sans efficacité.

Le caractère hystérique est une maladie chronique de la volonté, une diathèse. Or, bien qu'il ne soit pas particulier aux femmes, il est chez elles infiniment plus fréquent. Mobiles à l'excès, versatiles, fantasques, ces malades n'ont de constant que leur inconstance, aujourd'hui enjouées, aimables, gracieuses, demain ennuyées, maussades et boudeuses, tirées en sens contraire par des sympathies et des antipathies incompréhensibles, indifférentes à un grand malheur, consternées par un contre-temps insignifiant, exaspérées par la plus légère plaisanterie. Et ces états se succèdent si vite qu'on ne peut les prévoir ni les comprendre. Bref, les hystériques « ne savent pas, ne peuvent pas, ne veulent pas vouloir ». Elles sont dans un état d'équilibre instable, d'incoordination, d'anarchie morale.

Otez maintenant l'excès de tous ces symptômes, réduisez-les de tout ce qui en fait le caractère morbide, vous avez un caractère très général de la volonté de la femme, l'explication tout au moins de peu d'aptitude à vouloir avec suite.

Mais n'exagérons rien, et voyons les faits dans toute leur variété. Impulsive tant qu'on voudra! cependant qui est plus maître de soi que la femme quand elle le veut bien? Oui, un sentiment fort la fait triompher d'une manière admirable de toutes ses défaillances ordinaires. La patience de cette créature essentiellement impatiente peut surpasser celle de l'homme le plus ferme, à la condition qu'un sentiment sans cesse renouvelé la soutienne, soit qu'elle le trouve en elle seule dans le secret de son cœur, dans sa foi religieuse ou dans son amour par exemple, soit que l'assistance d'une volonté amie la soutienne.

Je ne sais si la remarque en a jamais été faite, mais elle s'est présentée et imposée à mon esprit en méditant sur cette question. Il me semble que la femme est, en général, bien plus maîtresse d'elle-même dans les grandes circonstances que dans les petites, bien plus forte contre les grandes émotions, voire les grands malheurs, que contre les petites contrariétés.

Cette légèreté, cette mobilité qu'on signale à bon droit comme un de ses traits dominants, ne l'exclut pas de la plus haute vie morale, parce qu'elle reste à la surface le plus souvent, et n'agite ses nerfs et son imagination que dans les petites choses, sans troubler sa raison dans les grandes.

On n'en trouverait peut-être pas une sur mille qui gardât son sang-froid devant une souris ou une araignée; mais elles sont légion, celles qui sont superbes de sang-froid dans les grands désastres. Le vaisseau l'*Oregon*, ayant été coulé par un abordage (en 1886), on a remarqué là, dit un témoin oculaire, un fait presque toujours observé dans les cas analogues : « les femmes ont montré beaucoup de sang-froid, plus même que la grande masse des hommes. » Ainsi, c'est seulement dans les petits accidents qu'elles perdent la tête; par exemple en voiture, à la moindre alerte, elles crient, elles s'agitent follement, au risque d'aggraver le danger. Mais dans les grands maux inévitables, les épidémies, par exemple, en présence de l'irréparable, surtout, elles sont presque toujours admirables.

Elles supportent étonnamment bien la pauvreté, pour peu qu'on les y prépare et les y aide, même celles à qui on fait tout pour l'épargner. Sans doute il y a celles qui sciemment font faire une lâcheté à leur mari pour satisfaire leur besoin de luxe, mais je ne puis m'empêcher de croire que l'homme qui cède est plus coupable que la femme, car il n'aurait tenu qu'à lui, neuf fois sur dix, de la mettre à un autre diapason moral.

Ainsi, l'on peut dire que la femme est plus forte dans les grands maux que dans les petites misères de la vie, contre les grands coups du sort que contre les coups d'épingle.

Heureuse et non en garde, non soutenue par un grand sentiment, elle est à la merci de ses nerfs, c'est-à-dire de toutes les impulsions; mais quand la chose en vaut la peine, et qu'elle veut vouloir, elle le peut, et nous rend des points en vigueur d'endurance, en patience, au sens fort où ce mot signifie l'aptitude à souffrir sans faiblir.

En revanche, elles ne savent pas attendre. Une dame anglaise me disait récemment qu'en Angleterre on ne les aime guère dans les services publics, par exemple les postes et télégraphes, parce qu'on les trouve, paraît-il, plus nerveuses généralement, et moins patientes, moins complaisantes que les hommes, surtout pour les femmes. De même dans les magasins, les employés seraient beaucoup plus calmes et plus patients que les employées à l'égard du « *shopping* » des dames, c'est-à-dire de l'amusement sans gêne qui consiste à « magasiner » pour le plaisir, à faire tout déplier pour ne rien prendre. Elles reconnaissent au premier aspect ces fausses acheteuses, et ne peuvent s'empêcher de protester ou de montrer de l'humeur. Je le crois sans peine, car la patience qu'il faut ici est précisément celle qui leur manque.

Un autre obstacle enfin à ce qu'il y ait de l'unité et de la suite dans la volonté féminine, c'est l'esprit de complication, si fréquent chez elles, et qui tient

aux mêmes causes que leur exubérance de paroles.
Quand on voit net et qu'on aime les voies simples,
on élimine résolument, une fois pour toutes, les
alternatives et les raisons qui ne feraient que
retarder la décision et empêcher l'exécution : mais
la femme, comme Fénelon et Mme de Maintenon
nous la représentent volontiers, est compliquée, et
volontiers artificieuse. Ses petits manèges, sa souplesse excessive, son goût des voies obliques sont
tout ce qu'il y a de plus contraire à cette rectitude
de conduite qui, pour les stoïciens, était le signe
suprême de la virilité morale : *idem velle, idem nolle.*

On l'a dit : les femmes « cherchent midi à quatorze heures » et « vont par quatre chemins ».
« Aucune femme, dit Jean-Paul, ne sait dire *finis*
tout court, sans commentaire, ou *non* sans faire un
discours. »

Mais leur entêtement, leur proverbiale obstina-
tion, qu'en dirons-nous? Le fait est notoire, et
malgré ce que dit Montaigne de la prétendue pré-
rogative des « testes de Gascogne » en cela, chacun pourrait dire après lui : « J'ai cogneu cent et
cent femmes que vous eussiez plustost faict mordre
dans le fer chauld que de leur faire desmordre une
opinion qu'elles eussent conçue en cholère; elles
s'exaspèrent à l'encontre des coups et de la con-
traincte[1]... »

---

1. *Essais*, l. II, ch. XXXII.

Oui, elles ont à un degré rare la force d'inertie,
« et est l'opiniastreté sœur de la constance, au moins
en vigueur et fermeté ». Ce n'est pourtant pas la
même chose, et les proverbes qui, en tous pays,
expriment cet entêtement féminin, ne le présentent
pas comme une vertu. « Vouloir corriger une
femme, c'est vouloir blanchir une brique. » Il est
d'ordinaire le plus intraitable chez les natures les
plus molles; qui ne connaît l'entêtement des doux?
Dites-leur ce que vous voudrez, c'est comme si vous
battiez un sac de plumes, dit un adage anglais : « you
may as well pelt a bag of feathers. » Qui a vu une
femme sachant dire : j'ai tort? C'est qu'il faut beaucoup de force pour savoir céder, se rétracter. S'il
est vrai, comme le veut la satire, que les femmes
soient plus acharnées plaideuses que les hommes,
j'incline à voir là un manque de raison et de vraie
force bien plutôt qu'un signe de caractère. Celles qui
sont vraiment douées de volonté sont résolues et
fermes sans entêtement particulier.

Conclurons-nous donc que les femmes sont en
grande majorité dénuées de volonté? Non, parce
qu'il faut nous rappeler cette vérité si bien exprimée
par Vinet, que la flexibilité n'est pas nécessairement faiblesse. « L'homme qui cède en détail et qui
résiste en gros, qui cède pour obtenir, n'est pas un
homme faible. Un ruisseau tourne humblement la
moindre éminence, le moindre pli de terrain, mais

rien ne l'arrête, il est sûr d'arriver à la mer. »
Entêtement encore, si l'on veut, voilà le genre de
volonté proprement féminin ; et personne ne con-
testera que beaucoup de femmes, à ce compte, ont
une volonté très tenace et très forte en son élasticité, et qui n'est pas du tout de mauvais aloi ; c'est
de cette volonté sans doute qu'on a pu dire : « ce que
femme veut, Dieu le veut ». Chez celles qui la pos-
sèdent, l'éducation n'aura qu'à cultiver les qualités
de franchise, de scrupuleuse loyauté, qui empêchent
la souplesse de dégénérer en duplicité, et l'habileté
patiente de tomber dans l'artifice et dans l'abus des
petits moyens.

Mais je ne dirais pas toute ma pensée si je laissais
croire que je regarde cette disposition à temporiser
et à vouloir de loin, avec suite, quoique sans éclat,
comme générale, ou même très fréquente chez les
femmes. Non, c'est chez elles une supériorité, assez
rare par conséquent. L'éducation a infiniment à
faire non seulement pour diriger, tempérer,
orienter, régler la volonté féminine, mais aussi et
surtout pour la fortifier, pour la dégager du sentiment, de l'impulsion irréfléchie, du caprice et de
l'entêtement qui en sont presque toujours le contraire.

ONZIÈME LEÇON

La destinée de la femme

La femme est destinée par sa nature à être épouse et mère. — Mais, ni en fait ni en droit, ce n'est là toute sa destinée. — On doit cultiver en elle tous les grands attributs de l'humanité, pour qu'elle puisse atteindre la perfection de sa nature.

C'est la loi suprême de l'éducation qu'elle doit développer autant que possible toutes les puissances naturelles de l'être auquel elle s'adresse, de façon à le mettre à même d'accomplir au mieux qu'il se peut la destination de sa vie. Nous avons donc maintenant à fixer nos idées sur la destinée de la femme en ce monde, sur les fins pour lesquelles elle semble faite et auxquelles l'éducation doit la préparer. Que nous apprend ce long examen que nous avons fait de sa constitution physique et mentale, de ses dons et penchants de tout genre, sur le but de son existence, sur les conditions auxquelles on pourra dire qu'elle n'a pas manqué sa destinée?

La première réponse à cette question, celle que fait d'un seul cri le sens commun et qui est en même temps la grande, la vraie réponse à faire philosophiquement — quoiqu'on en abuse et qu'il faille la corriger, en la complétant, — c'est que la femme, comme telle, est essentiellement, est par définition, pour ainsi dire, la compagne de l'homme. « Il faut élever la jeune fille avec la pensée constante qu'elle sera un jour la compagne de l'homme » (Mme de Staël). Sa destination est d'être épouse et mère; et c'est à cela que l'éducation doit la préparer, tout au moins de façon à ce qu'elle puisse et veuille remplir ces devoirs et trouver son bonheur dans leur accomplissement.

Oui, la vérité est là. Ce lieu commun, comme il arrive, est d'une vérité éternelle, fondamentale. On ne peut aller contre sans fantaisie ou folie; une pédagogie qui ne le mettrait pas au rang de ses principes serait extravagante ou criminelle. Dieu me garde donc de donner à cet égard dans quelque paradoxe pour le seul plaisir de rajeunir mon sujet. Moi qui professe sans hésiter que le mariage et la paternité sont dans la destinée de l'homme comme tel, qui vois là pour mon sexe la vérité, le devoir et le bonheur, et qui blâmerais comme coupable et anti-social, s'il n'était pas plutôt à plaindre, comme imprévoyant et ignorant de son vrai bien, l'homme qui, pouvant remplir simplement sa fonction d'homme, s'y refuse sous quelque prétexte égoïste

et décevant, comment ne souscrirais-je pas de tout
mon cœur à cet axiome de la commune sagesse qui
impose à la femme la même loi? Je le fais donc
formellement, et je pense que je n'aurai pas besoin
d'insister, quand j'aurai dit une fois pour toutes que
la vraie destinée de la femme c'est d'abord de se
marier si elle le peut, de son mieux, certes, mais
le mieux est souvent l'ennemi du bien, et il faut ici,
comme en tout, pour agir, savoir se fier un peu à
la vie et laisser quelque chose au hasard; que c'est
ensuite d'avoir des enfants, si ce bonheur ne lui
est pas refusé, et de les élever de son mieux. S'il
en est une qui, pouvant avoir tout naturellement
cette vie normale, en choisit une autre, c'est son
affaire; je ne prends pas sur moi de dire qu'elle a
tort, puisque cela dépend de son cœur et de ses
intentions, mais j'ai bien le droit de dire que je la
plains, et, si c'est par quelque ambition temporelle
qu'elle prend ce parti, de croire qu'elle fait fausse
route et lâche la proie pour l'ombre. Voilà donc
qui est entendu.

Mais cela admis, de l'aveu de l'immense majorité
des femmes elles-mêmes, peu s'en faut, je dois le
dire, que je ne partage l'agacement qu'un certain
nombre d'entre elles éprouvent à entendre ressasser
ce lieu commun.

En effet, il laisse dans l'ombre une part considé-
rable de la vérité; et tout excellent qu'il est en ce
qu'il affirme, i peut faire du mal et fausser tout, s'il

fait perdre de vue ce qu'il n'exprime pas. Car, d'une part, il faut être deux pour fonder une famille, cela ne dépend point de la femme seule; les femmes, en fait, ne se marient pas toutes, ne sont pas toutes mères; et elles vieillissent souvent dans la solitude du veuvage après avoir connu la vie de famille : il y a là des faits dont il est indispensable de tenir compte pour se faire une idée juste de la destinée de la femme et de l'éducation qui lui convient. Et en second lieu, même quand sa vie est de tout point normale, dans le mariage et la maternité, si absorbée qu'elle soit par ses fonctions et ses obligations spéciales, la femme a tout de même à développer et à cultiver en elle les attributs généraux de l'humanité comme plus fondamentaux que toutes les distinctions sexuelles. De même que l'homme est homme avant d'être époux et père, et que les caractères de l'humanité sont antérieurs et en un sens supérieurs en lui à ceux de la virilité, de même les caractères, les besoins de l'humanité sont à considérer, à cultiver chez la femme avant les traits spéciaux du sexe.

Insistons sur ces deux points successivement. La femme ne commence pas par être épouse et mère; elle ne le devient pas toujours, elle ne le reste pas toujours jusqu'à la mort, quand elle l'a été, et tout cela par des raisons, neuf fois sur dix, entièrement indépendantes de sa volonté. N'y-a-t-il pas dès lors

une sorte d'ironie cruelle à lui corner aux oreilles
qu'elle n'a pour destinée que d'être épouse et mère
et ne doit être préparée qu'à cela? N'est-ce pas lui
faire entendre que sa vie est manquée absolument
et qu'elle n'a point de raison d'être en dehors de là?
Cela serait-il humain quand ce serait vrai? Mais
cela est-il si vrai, est-on bien sûr d'être en droit
de le poser ainsi en dogme? La vie de la femme
est-elle beaucoup plus manquée, après tout, quand
elle n'est ni épouse ni mère, que celle de l'homme
quand il n'est ni époux ni père? Or les hommes
aiment à croire et à se répéter entre eux qu'en
dehors du mariage et de la paternité ils peuvent
avoir une vie complète, une vie très élevée même,
peu s'en faut qu'ils ne disent supérieure, par l'art,
la science, la politique, enfin dans les mille voies
qui restent, en tout cas, ouvertes à leur activité.
Certes, il y a là beaucoup d'illusion; il n'est pas
vrai qu'un homme, même supérieur, qui ignore les
responsabilités, les soucis, les peines et les joies de
la famille, soit aussi pleinement homme et épuise
aussi bien la vie humaine que celui qui les connaît.
Et il n'est nullement impossible de vivre de la plus
haute vie esthétique, scientifique ou morale et en
même temps de la vie de famille. Si les artistes
souvent se sont livrés de préférence aux orages de
la vie libre, ou prétendue telle, qui a, au fond, tant
de servitudes, elle aussi, et souvent pires, les
savants, les hommes d'état, les travailleurs de la

pensée ont été très souvent des pères de famille, et n'en ont pas eu moins de grandeur pour avoir trouvé la paix et le bonheur intime dans l'accomplissement des devoirs de tout le monde. En tout cas, pourquoi ce qui est vrai de l'homme ne le serait-il pas de la femme, dans toute la mesure que sa nature permet? Oui, nous avons dit, et je ne l'oublie pas, que la femme est plus que l'homme sous la dépendance des fonctions spéciales de son sexe, et qu'elle subit de ce chef certaines fatalités organiques auxquelles il échappe; mais pourquoi aggraver à plaisir cette servitude naturelle? Pourquoi ajouter des barrières et des lisières factices à celles que lui impose sa constitution? Pourquoi ne serait-elle pas libre d'entendre et de régler sa vie à sa guise? Pourquoi serait-elle condamnée au mariage par l'éducation (elle ne l'est pas par la loi), au mariage dont nos mœurs ne lui donnent pas l'initiative et qui si souvent ne dépend pas d'elle; pourquoi y serait-elle condamnée plutôt que l'homme, qui en prend si fort à son aise sur ce point? Si le célibat était une supériorité morale, de quel droit le lui interdirions-nous? Au nom de l'espèce? Mais il y a les mêmes raisons, je suppose, pour l'interdire à l'autre sexe. L'espèce, d'ailleurs, ne court point de risque du côté de la femme. L'étude de sa nature nous a appris que l'amour sérieux et la maternité sont des besoins impérieux de son cœur, répondent à ses instincts les plus profonds. A ce point de vue, c'est bien plutôt à l'homme qu'il faudrait rappeler sans cesse qu'il lui appartient de fonder une famille, car il oublie bien plus aisément son devoir.

La seule raison que je voie pour admettre que la femme est plus que l'homme vouée au mariage par destination, et doit plus que lui être élevée à cette seule fin, c'est que dans un nombre immense de cas, par le fait des mœurs, des usages et de l'éducation, il n'y a pour elle de place au soleil, de situation moralement digne, de salut, littéralement, c'est-à-dire de moyens d'existence, que sous la protection et par le travail ou les revenus d'un mari. Mais c'est un cercle. Car, encore une fois, rien de mieux, si toute femme sans exception était assurée de trouver, à moins de n'en vouloir pas, cet appui, cet asile, ce secours matériel et moral d'un bon mari près d'un paisible foyer. S'il en était ainsi, la question de la condition des femmes et de l'éducation des filles ne se poserait pas d'une manière aussi pressante et pour ainsi dire dramatique. Mais en fait, nous le savons, ni toutes les femmes qui se marieraient volontiers ne se marient, ni toutes celles qui auraient besoin d'appui et de secours, non seulement pour être heureuses, mais même pour subsister, ne les trouvent. Dès lors, que veut-on qu'elles pensent — j'entends les meilleures même — des théories de la vie et de l'éducation qui ne tiennent aucun compte de ce fait capital? Sous prétexte de les laisser dans leur voie naturelle, de les préparer à leur destinée vraie, ne risque-t-on pas de les « déclasser » en sens inverse, de les laisser démunies et désemparées, incapables de s'aider elles-mêmes, au cas, nullement improbable (même pour les plus fortunées, vu l'instabilité des fortunes), où elles se trouveront sans ressources et sans appui, dans la dure nécessité de se suffire à elles seules ? Et n'y a-t-il pas quelque chose de particulièrement exaspérant, quand c'est précisément un célibataire endurci, un égoïste solitaire qu'on entend opposer ce bel idéal de la vie conjugale, je ne dis pas seulement aux revendications des femmes (souvent un peu troubles, en effet), mais aux préoccupations des sociologistes et des sages, soucieux d'assurer à la femme par l'éducation et par la législation un peu plus de garanties de dignité, un peu plus de chances de bonheur ? Comment ne pas avouer que toutes les apparences sont alors contre l'homme, lequel a tout l'air de vouloir, par une éducation insuffisante et étriquée, maintenir à jamais la femme dans sa dépendance, la garder à sa merci, et même quand il ne fait rien pour elle, lui faire sentir toujours le besoin qu'elle a de lui ? Et de fait, pourquoi ne le dirions-nous pas franchement ? Il y a sans doute beaucoup d'autres sentiments, et plus nobles, mêlés dans la conscience des hommes qui s'en tiennent passionnément à la formule que je discute. Mais ce qui est au fond, c'est bien le désir inavoué, inconscient même, de rester

les protecteurs nécessaires, de garder à peu de
frais une supériorité qui n'est plus guère fondée
que sur la tradition, et qui ne laisse pas d'être
menacée quelquefois, ou du moins d'être laborieuse
à maintenir, dès que la femme s'avise de s'appar-
tenir et de déployer toutes les ressources de sa
nature. Il y a là un médiocre sentiment, naïf seulement chez ceux qui craignent que la femme ne
veuille plus être épouse, mais franchement mauvais
de la part des autres, et dont nous devons nous
refuser à être dupes.

La vérité de fait étant qu'un nombre considé-
rable de femmes doivent vivre seules et gagner
leur vie, faute de se marier, et que beaucoup
d'autres, mariées, mais restées veuves de bonne
heure, doivent élever seules leurs enfants, la vérité
sociologique et pédagogique est qu'il faut mettre
les femmes, par tous les moyens possibles, et
autant que faire se peut, à même de se suffire et
de satisfaire à leurs devoirs de tout genre.

Par cela même, et en les élevant toutes dans cet
esprit—car il est sage de ne pas se fier trop aux privilèges de la naissance, plus ou moins précaires, —
on donnera à toutes une juste et précieuse indépendance à l'égard du mariage et dans le mariage
même. J'entends par là non cette indépendance de
mauvais aloi dont on a peur, et qui serait un mauvais esprit de bravade contre le mariage, mais la
liberté et le pouvoir de faire un choix éclairé, ou

d'attendre, n'étant pas à la merci du premier protecteur venu. Si l'indépendance que la fortune donne à un petit nombre peut être accrue chez celles-là même, et surtout peut être étendue à toutes les autres par une amélioration dans l'éducation à la fois et dans les mœurs, quel moraliste pourrait hésiter à dire qu'il faut tout faire pour cela?

Mais il y a plus. Comme je l'ai dit tout à l'heure, même en mettant tout au mieux, en supposant la même entente de la vie et du devoir dans les deux sexes, il ne serait encore pas vrai de dire que la femme est née uniquement pour être épouse et mère et ne doit être élevée qu'à cette fin. Que tout dût alors (et doive même dans l'état présent des choses) converger vers cette fin et y être subordonné, je l'admets; mais que tout dût (ou doive) se borner à cela, je le nie.

Si quelque chose résulte clairement de notre étude psychologique de la femme, c'est que, en dépit de toutes les nuances de détail, elle possède tous les dons essentiels de l'homme, qu'il n'y a entre les sexes que des différences de degré.

Elle est donc capable, sinon tout à fait du même développement point pour point, au moins d'un développement égal. Les principes généraux de la morale et de l'éducation sont les mêmes de part et d'autre. Le but de l'éducation est d'élever toute personne, aussi bien d'un sexe que de l'autre, à

toute la perfection que sa nature comporte. On le
doit à la femme, comme à l'homme, de toutes
manières et à tous les titres. En tant qu'elle est
bien douée, on lui doit, on doit à l'humanité, dont
elle forme après tout la moitié, de cultiver tous ses
dons pour les amener à donner leurs fleurs et leurs
fruits. Et en tant que des tendances inférieures se
font voir en elle, on doit l'aider à s'en corriger. On
peut dire, il est vrai, que la famille y trouvera son
compte; cela est vrai, mais ce n'est pas pour la
famille seulement qu'il faut le faire.

On le lui doit à elle, comme individu, comme
personne morale, pour son bien propre et son bonheur; on le doit à la société, dont elle fera partie.
On le lui doit, si elle doit rester fille ou veuve,
parce qu'elle aura à se conduire elle-même; on le
lui doit aussi, certes, si elle se marie, parce qu'elle
en aura besoin pour bien remplir des devoirs différents, mais aussi difficiles.

Fénelon a bien vu les deux choses, et il l'a bien
exprimé dans une page que j'ai plaisir à citer ici,
si connue soit-elle : « N'est-ce pas elles (les
femmes) qui ruinent ou qui soutiennent les maisons, qui règlent tout le détail des choses domestiques, et qui par conséquent décident ce qui touche
de plus près à tout le genre humain? Par là elles
ont la principale part aux bonnes ou aux mauvaises
mœurs de presque tout le monde... Les hommes
peuvent-ils espérer pour eux-mêmes quelque dou-

ceur de vie, si leur étroite société, qui est celle du mariage, se tourne en amertume? Mais les enfants, qui feront dans la suite le genre humain, que deviendront-ils, si les mères les gâtent dès leurs premières années? »

Voilà la part de la formule « épouse et mère ». Mais Fénelon continue : « Ajoutez, dit-il, que la vertu n'est pas moins pour les femmes que pour les hommes; sans parler du bien ou du mal qu'elles peuvent faire au public, elles sont la moitié du genre humain, rachetée du sang de Jésus-Christ et destinée à la vie éternelle. »

Il faut donc, pour toutes ces raisons réunies, élever la femme le mieux possible, en vue de lui assurer, avec toute la dignité, tout le bonheur dont elle est capable. Il faut l'élever pour être épouse et mère parfaite, si elle le devient; et il faut l'élever pour qu'elle sache au besoin n'être ni l'une ni l'autre, et tenir encore sa place honorablement et utilement dans la société. Il faut donc travailler d'abord et par-dessus tout à faire d'elle un être pleinement raisonnable, « un honnête homme » dans le plein sens du mot. A qui objecterait les défauts et les faiblesses de sa nature actuelle, et en prendrait texte pour restreindre dédaigneusement leur éducation et leur condition, elles sont en droit de répondre qu'elles demandent une éducation plus forte et une condition meilleure précisément (entre autres raisons) parce que c'est le seul moyen de corriger et de relever ce qu'on trouve défectueux dans leur nature.

Voilà qui nous amène à la grande question de la condition actuelle des femmes, une des plus graves parmi celles qui préoccupent notre temps. Elle l'est beaucoup trop pour que je croie avoir le droit de l'éluder ou de la trancher en courant. Nous avons à peser les données du problème, à essayer de voir les faits d'un peu près, à mesurer les difficultés; et c'est après cet examen seulement que je pourrai vous dire modestement, mais loyalement, ce que j'en pense.

DOUZIÈME LEÇON

Destinée de la femme (suite).
Des améliorations que comporte sa condition.

Le mouvement féministe. — Opinion de J. Stuart Mill et de Secrétan. — Position de la question : la condition normale de la femme; trois conditions qui appellent des remèdes : célibat forcé, mariage moralement mauvais, et mariage ou veuvage dans la misère. — L'amélioration de l'instruction des femmes, clef de toutes les autres. — Droit des femmes à être admises, à égalité de titres et d'aptitudes, à toutes les professions et fonctions. — Question des fonctions publiques. — La condition de la femme mariée. Elle devrait être plus indépendante.

Il est temps d'arriver à l'étude de ce grand mouvement qu'on appelle « le mouvement féministe », qui a commencé il y a une cinquantaine d'années en Angleterre et aux États-Unis, et qui, depuis, s'est propagé chez nous. Il est encore confus et indécis, il s'y mêle des opinions et des passions très diverses, il comporte des revendications très différentes et inégalement urgentes, et même inégalement légitimes, mais il n'est plus négligeable. Il n'a pas entraîné que des femmes, lesquelles jusqu'ici, il faut le dire, ne sont pas très nombreuses, et ne peuvent, d'ailleurs, rien obtenir par elles-mêmes, puisque toute l'autorité est aux mains des hommes; mais il a rallié aussi à leurs prétentions quelques hommes considérables, notamment deux penseurs d'une haute autorité, J. Stuart Mill et Secrétan, qui ont pris en main la cause féministe. Il est clair que de telles recrues valent des légions d'adhérentes. Aujourd'hui le nombre est assez grand, même en France, des hommes sérieux qui sont disposés à prêter attention aux *desiderata* de la condition de la femme, et à porter remède aux maux de cette condition qui ne sont point inévitables. Comme un moyen essentiel d'y porter remède est, en tout cas, l'éducation, il appartient tout spécialement aux théoriciens de l'éducation d'examiner avec soin ces desiderata, et de chercher à reconnaître ceux qui sont le plus dignes d'intérêt.

J. Stuart Mill a écrit tout un volume d'une dialectique passionnée et éloquente sur la *Subjection of Women*, où il établit qu'il est inique que la femme soit subordonnée, asservie à l'homme, comme elle l'est encore par la loi civile et politique dans tous les pays civilisés.

Il ne voit à cela aucune raison d'ordre moral ou psychologique, mais seulement, des raisons historiques et de fait, qui, dit-il, en dernière analyse se ramènent à la raison du plus fort. Pour réparer

une injustice qui a trop duré, il ne réclame rien moins
que l'égalité absolue des deux sexes, jusques et y
compris l'électorat et l'éligibilité politiques. Il faut
dire tout de suite que cette grande pitié et cette
estime enthousiaste pour la femme étaient inspi-
rées, en partie, au noble penseur par son affection
pour une femme supérieure, celle-là même qui, dans
la suite, devint Mme J. St. Mill. Mais, il n'en est pas
moins curieux et remarquable que, sous l'aiguillon
de ce sentiment, cet esprit si froid, si fort, si durement logique ait pris sans hésiter cette attitude.

Il prédit, il appelle de ses vœux une révolution
en faveur des femmes. Aujourd'hui que nul n'est
plus rivé à la condition dans laquelle il est né, mais
que chacun en peut sortir, il espère que la femme
va bientôt sortir d'un esclavage qui ne trouve une
apparence de justification que dans les défauts
mêmes qu'il a produits. Oui, esclavage, il prend le
mot à la lettre; et cette forme d'esclavage est, dit-
il, la pire, parce que le maître n'a de droits que
sur le corps de l'esclave, tandis que le mari en
revendique sur les sentiments même et les pensées,
sur l'âme de sa femme. Ce prodigieux égoïsme
de l'homme ne sera corrigé que par le changement
social qui le forcera à supporter sa part des sacrifices qui, jusqu'ici, sont tous exigés de la femme
seule. La morale chrétienne proclame l'égalité
absolue des personnes devant Dieu; comment des
chrétiens peuvent-ils tolérer les inégalités établies

par un usage barbare? Nous avons eu jusqu'ici la
moralité de la soumission, puis la moralité de la
chevalerie et de la générosité, il est temps que nous
ayons *la moralité de la justice.*

Certes, il y a quantité d'excellents ménages, dans
lesquels règne la justice en esprit; mais ce n'est
pas une raison pour eux de détourner la tête en
niant simplement les maux dont ils n'ont pas
l'expérience personnelle. Il suffit que dans des cas
nombreux de grands maux résultent de ce que la
femme mariée ne s'appartient plus, n'a plus ni
volonté ni propriété à elle, pour que toute personne
juste doive vouloir que la femme s'appartienne
dans le mariage comme avant, et garde, aussi bien
que l'homme, la libre disposition de ses biens et de
sa personne. La règle serait bien simple : « Tout
ce qui serait à l'homme ou à la femme s'ils n'étaient
pas mariés, devrait être sous son contrôle exclusif
durant le mariage, — ce qui n'empêche nullement
de régler par contrat le mode de transmission de la
propriété aux enfants; ce qui n'empêcherait pas
non plus, ajouterai-je, de tout mettre volontairement en commun, ce qui est l'essence même du
mariage.

Quand il n'y a pas de patrimoine et que le
ménage vit de salaires ou de bénéfices, le mieux
serait que l'homme gagnât au dehors l'argent de la
communauté et que la femme administrât la maison. Avec cela, elle a sa part de charges, sans parler

de celles de la maternité. Si cependant il est nécessaire qu'elle gagne aussi, quelle raison peut-il
y avoir au monde pour qu'elle ne dispose pas de
ses gains au même titre que l'homme, pour qu'elle
soit forcée de lui remettre ce qu'elle gagne (dût-il
le boire ou le manger en débauches et la battre
après), tandis qu'il ne l'est pas de lui remettre son
salaire, en eût-elle besoin pour le pain de la famille?(¹)
De quel droit donner *a priori* l'empire à l'homme,
même quand c'est lui qui est une brute? Ici, j'accorde bien à Mill qu'il n'y a probablement d'autre
raison que l'usage, et la nécessité d'avoir la paix,
vaille que vaille, en imposant l'unité d'action, et
que si on l'impose au profit de l'homme, c'est uniquement une survivance de la barbarie originelle
et une consécration de la force. Seulement cette
consécration a aujourd'hui force de loi. Or la loi
est faite par les hommes, et elle ne sera pas modifiée, selon Stuart Mill, sur les points qui les servent
si bien, aussi longtemps que les femmes ne contri-
bueront pas directement à faire les lois : et voilà
la raison pour laquelle le philosophe n'hésite pas
à revendiquer pour elles le droit de suffrage, et par
suite le droit d'être élues, cette unique garantie,
en fin de compte, de la justice élémentaire qui
leur est due.

Secrétan va aux mêmes conclusions pour des
raisons au fond identiques. « La loi faite pour
le sexe par des hommes seuls, dit-il, fait de

l'épouse une servante et de la fille pauvre une chose [1]. »

Or, comment espérer et où chercher un remède à des maux qui déshonorent nos sociétés. « Quoi qu'on en dise, les femmes ne seront pas libres aussi longtemps qu'on les tiendra loin du suffrage, quelles que puissent être d'ailleurs les attentions et les galanteries du législateur à leur égard. Et jusqu'ici le législateur n'en a pas abusé! Le sexe fort n'a su voir dans sa compagne que l'organe de sa perpétuation et la matière de ses plaisirs. A la question posée autrefois de savoir si les femmes ont une âme, le code Napoléon a répondu franchement par la négative. Il faut que l'épouse apporte à l'époux sa personne et ses biens sans compensation d'aucune sorte; il faut que la fille du peuple meure de faim ou se prostitue; surtout il faut que chacun puisse la séduire impunément. Et ce résultat a paru si précieux que pour l'assurer on n'a pas craint de semer dans la société des milliers d'enfants qui ne lui doivent que la haine. Les protestations ont beau se multiplier, on ne saurait attendre une réforme sérieuse de ces iniquités aussi longtemps que la voix des femmes ne pèsera pas dans la balance. Nulle part on n'a vu une classe privilégiée rendre spontanément justice à la classe asservie. Il n'y a rien de commun entre la justice et le bon plaisir.

1. *La civilisation et la croyance*, p. 31.

Ainsi, la participation de tous les ressortissants de l'État aux affaires publiques est un postulat de la justice... Être un citoyen libre, signifie précisément... avoir son mot à dire dans les affaires d'intérêt commun. »

Oui... peut-être... Si j'étais sûr que le tableau ne fût pas chargé et poussé au noir, qu'il n'y eût de justice possible pour la femme qu'au prix qu'on indique, je dirais sans hésiter : j'en suis, advienne que pourra. *Fiat justitia, ruat cœlum.* Cependant la question n'est pas si simple que cela; elle est au contraire terriblement complexe; elle se pose partout plus ou moins; et, jusqu'ici, ce n'est pas seulement l'instinct inavouable des viveurs et des hommes suspects qui a répondu, mais le bon sens des sages et des plus honnêtes gens; bien mieux, la sagesse des femmes elles-mêmes a résisté, protesté tout haut ou tout bas avec une répugnance invincible contre le remède héroïque et si gros de conséquences qu'on nous propose comme unique et absolument nécessaire, *hic et nunc.* C'est qu'il ne s'agit de rien moins que de la constitution de la famille, base elle-même et assise de toute l'organisation sociale.

Cette simple remarque, manifestement vraie chez nous, en particulier, est d'une grande importance, et pourrait bien nous mettre sur la voie de la solution, tout au moins nous aider à poser correctement la question. Car c'est une règle de la sagesse pratique en général, de la sagesse politique surtout de ne pas troubler ce qui est tranquille, *quieta non movere.* Sans doute cela ne doit pas nous empêcher d'ouvrir les yeux sur les misères de la condition des femmes et d'y chercher remède, mais il importe de déterminer avec exactitude la nature et la mesure de ces misères, afin de ne pas nous égarer dans la recherche de remèdes vraiment appropriés.

On peut, je crois, poser comme vérité très générale, et pratiquement universelle, que les femmes mariées, et bien mariées, qui ne connaissent ni les mauvais traitements, ni la solitude, ni l'abandon, ni la misère, ne songent pas à se plaindre de leur condition. La subordination, la *sujétion* dont parle Stuart Mill, leur est douce, et elles ne demandent point de changement. Être sous l'autorité d'un bon mari, ou seulement d'une bonté moyenne, leur paraît être dans l'ordre et la nature; car c'est être sous sa protection affectueuse, c'est être, grâce à lui, à même d'élever des enfants et de traverser le plus heureusement possible les difficultés de la vie, comme dit l'adage anglais, *for the better, for the worse.* Stuart Mill, comme nous, voit là la vérité; et il ne nierait sans doute pas que, si cet idéal s'était toujours réalisé, la question de la condition des femmes ne se fût pas même posée : ni moralement, puisque le respect et l'amour auraient écarté toute idée d'abus et d'injustice; ni économiquement, puisque, par hypothèse, le nécessaire au moins serait assuré, soit par la volontaire mise en commun des revenus et des salaires, soit mieux encore par le seul travail du mari et la bonne économie de la femme. Car voilà le vœu de la nature : que le mari travaille au dehors et gagne suffisamment pour subvenir aux besoins de la famille, et que la femme gouverne la maison, épargne, et élève les enfants. C'est un malheur, déjà, lorsqu'elle est forcée de travailler elle-même au loin pour ajouter aux gains insuffisants du mari son maigre gain personnel, et par conséquent de joindre un labeur fatigant aux fatigues de la maternité et du ménage. Le mal est plus grand encore quand ce travail l'enlève toute la journée à la famille et aux enfants. Dès ce moment la question se pose, et d'une façon troublante. Mais elle se pose tout à fait, et j'ose dire tragiquement, dès qu'on envisage la femme mal mariée, c'est-à-dire presque sans défense à la merci d'un maître tyrannique et brutal. Elle se pose aussi, il faut l'ajouter, à considérer la femme seule et sans appui, la fille pauvre, l'orpheline sans parents et sans ressources, la veuve, la veuve accablée d'enfants et sans pain, la femme du peuple transformée en chef de famille par un accident, par une maladie survenue au mari. Voilà tout ce qui fait qu'il y a une question de la condition des femmes. Ces raisons se ramènent à trois : *le célibat forcé* d'un très grand nombre de filles qui les laisse sans appui et parfois sans ressources dans une société qui leur est le plus souvent dangereuse ou inhospitalière (mal à la fois moral et économique); *le mariage moralement mauvais*, qui les livre, quand elles sont pauvres surtout, pieds et poings liés à un homme indigne (mal moral); enfin *le mariage dans la misère* et son analogue le *veuvage*, avec charges de famille et impossibilité d'y subvenir (mal économique et en quelque mesure moral). Ma conviction est que si l'on pouvait, par impossible, supprimer ces trois causes de souffrance et d'injustice, on supprimerait, ou peu s'en faut, la question des femmes; et par conséquent on en avance, en tout cas, la solution par tout ce qu'on fera pour alléger les maux qui proviennent de ces différentes sources.

Mais, dira-t-on, ce ne serait pas l'égalité absolue, et surtout ce ne serait pas le partage des droits politiques... Soit; nous pourrons examiner s'il conviendrait ou non d'aller plus loin pour chercher plus de garanties. Mais comme il est bon de procéder par ordre, c'est un fait important, à ce point de vue même, de pouvoir nous dire que les intéressées, dans notre hypothèse, ne tiendraient pas du tout à cette égalité-là et ne songeraient pas même à réclamer ces garanties, dont le besoin ne se ferait pas sentir.

Voyons donc ce qu'on a fait, chez nous et ailleurs.

et ce qu'on peut faire pour la femme, dans les trois ordres d'idées que nous venons de dire, pour améliorer sa situation morale et matérielle, soit en dehors du mariage, soit dans le mariage. Il sera temps de nous demander ensuite si une révolution politique aussi profonde que celle qu'on nous propose paraîtrait encore nécessaire le jour où seraient réalisées toutes les autres améliorations possibles, ou seulement paraîtrait de nature à hâter ces améliorations.

Il faut placer avant tout et mettre absolument hors de pair une amélioration qui les prépare, et je dirais presque les implique toutes : à savoir celle de l'éducation des femmes. Là est pour elles la clef de l'égalité vraie, de l'égalité à laquelle elles peuvent incontestablement prétendre. Nos progrès, à cet égard, ont été inouis en ce siècle, surtout depuis vingt ans; bien ingrate et bien folle la femme qui ne commencerait pas par le reconnaître! Nos grand'mères étaient très peu cultivées; beaucoup d'entre elles savaient à peine lire et écrire. Car il ne faut pas que quelques beaux esprits, femmes auteurs, — femmes galantes quelquefois, — fassent illusion sur l'état de l'instruction dans la masse, je ne dis pas seulement dans le peuple, où elle était nulle, mais dans la petite, dans la moyenne, et souvent même dans la haute bourgeoisie, où elle était tout ce qu'il y a de plus rudimentaire. Com-

ment en eût-il été autrement quand tout homme se
disait de sa femme, à peu près à tous les degrés de
l'échelle sociale, comme dans la comédie :

> Et c'est assez pour elle, à vous en bien parler,
> De savoir prier Dieu, m'aimer, coudre et filer.

C'est à la lettre que l'instruction des filles du
peuple, il y a soixante ans (les choses n'ont commencé à changer qu'à partir de la loi Guizot en 1833),
consistait exclusivement, en France, à apprendre
le catéchisme et la prière. Aujourd'hui leur instruction, au degré primaire, est identique, égale, en
tout cas, à celle de leurs frères, gratuite et obligatoire au même titre, jusque dans le dernier
hameau de France. De ce chef au moins, il n'y aura
plus d'inégalité intellectuelle et morale. J'ose dire
qu'un tel progrès, s'il n'eût été, il est vrai, si hon-
teusement tardif, suffirait à l'honneur d'un siècle.

D'autant plus qu'en même temps les autres
degrés de l'instruction sont devenus accessibles aux
jeunes filles, non seulement à celles dont les parents
ont la fortune ou l'aisance, mais même à d'autres,
par ce système si démocratique des bourses que
l'on n'a pas hésité à étendre des garçons aux filles.
Jusqu'à ces derniers temps, l'instruction que les
jeunes filles riches recevaient dans les couvents et
les pensionnats laïques était tout juste primaire
quant au fond, quoique relevée, pour l'apparence, par
un vernis de littérature, dépouillée le plus souvent

de toute substance et de toute moelle, et par l'étude superficielle des *arts d'agrément*. La création de l'enseignement secondaire des filles par l'État a changé tout cela. Ce n'est pas seulement dans les lycées de filles que l'instruction la plus solide a été offerte aux enfants de la classe moyenne; mais dans les pensionnats libres, dans les couvents même le niveau de l'instruction a presque immédiatement monté. Actuellement nos filles n'ont presque plus rien à envier à celles d'aucune autre nation, sauf peut-être à celles des Etats-Unis, où l'usage de la coéducation, c'est-à-dire de l'éducation en commun des deux sexes, jusque dans les collèges, fait mieux paraître, et rend sans doute aussi plus complète l'égalité de culture.

Enfin pour l'enseignement supérieur proprement dit, pour la fréquentation des Facultés, nos jeunes femmes sont plus libéralement traitées que dans aucun pays au monde. Ce qu'on appelle l'enseignement supérieur des femmes presque partout n'est qu'un enseignement secondaire plus ou moins élevé, et donné dans les collèges mêmes. Nos écoles normales supérieures de Sèvres et de Fontenay, le collège libre Sévigné, d'autres encore, ne le cèdent pas, j'imagine, même à la célèbre école de Genève. Mais surtout l'enseignement des universités est ouvert aux femmes presque absolument à deux battants. Pour faire les mêmes études que les hommes dans les quatre facultés, en lettres, en sciences, en droit, en médecine, et pour prendre tous les mêmes grades, elles n'ont qu'à remplir les conditions requises pour ces études, lesquelles ne font aucune acception du sexe. De plus, des cours publics en grand nombre sont ouverts à tous et à toutes sans aucune condition d'inscription.

Comparez ce qui se passe à l'étranger. En Allemagne, le 12 mars 1891, la commission de l'instruction publique du Reichstag rejette la proposition de créer des gymnases de jeunes filles, et renvoie au gouvernement une pétition relative à l'admission des femmes aux cours universitaires. Le gouvernement consulte les Universités; seule, la faculté des lettres de Gœttingue accorde l'admission des femmes comme auditrices bénévoles aux cours et conférences publics; toutes les autres Universités l'ont repoussée. Toutes les pétitions des femmes pour être admises aux études médicales en particulier ont toujours été écartées sans discussion.

La situation est à peu près la même en Autriche.

En Angleterre, l'Université de Londres et l'Université Victorienne (agglomération de collèges de province) confèrent seules des grades académiques aux femmes. Oxford et Cambridge, les grandes Universités du Royaume, très fermées, comme on sait, ont refusé jusqu'à présent de s'ouvrir aux femmes; elles ont cependant toléré la création de deux grands collèges spéciaux : *Girton college* (1872) et *Newnham col.ege* (1875), sans participation aux concours et aux grades. Il est douteux, il est vrai, que cette exclusion puisse être longtemps maintenue. Par curiosité, en effet, les professeurs admettent quelquefois officieusement les jeunes filles aux concours; or il arrive qu'elles y brillent d'une façon qui ne permet pas de mettre en doute leur aptitude à profiter de la haute culture. En 1887, si je ne me trompe, Miss Ramsay, qui depuis a épousé le docteur Butler, proviseur de Trinity college, ayant été admise à subir le dernier examen d'Oxford, l'examen de sortie pour les lettres classiques, fut proclamée officieusement *senior classic*, c'est-à-dire « première sortie ». En 1890, à Cambridge, à l'examen de sortie des mathématiques supérieures, le *senior wrangler*, « premier sorti » fut officiellement un étudiant; mais les examinateurs déclarèrent publiquement que s'ils avaient eu le droit de comprendre dans le classement final les étudiantes, qui ne prennent part au concours que par faveur, ils auraient été unanimes à donner le premier rang à miss Philippa Garret Fawcett (fille de feu Henry Fawcett, professeur d'économie politique à Cambridge, membre du Parlement, et membre du cabinet Gladstone en 1880). Miss Fawcett était donc moralement senior wrangler, et sa victoire fut célèbre dans tout le Royaume-Uni. Nul doute que de tels succès ne finissent par ouvrir aux étudiantes l'accès non seulement des cours et des leçons, mais des prix et des grades et des chaires universitaires. Il est difficile de continuer longtemps à décerner les honneurs aux hommes en avouant que c'est une femme qui les mérite. Déjà il existe à Londres une école de médecine spécialement pour les femmes.

Il en existait une aussi en Russie, mais on l'a supprimée; deux ou trois hautes écoles de sciences et de lettres sont tout ce que ce grand pays offre de ressources aux femmes, qui y sont si avides de haute culture.

L'Italie est la seule grande nation d'Europe qui ait ouvert, comme nous, aux femmes toutes les universités (règlement du 8 octobre 1876). Les petits États sont en avance sur les grands à cet égard. La Suède, depuis 1870, la Norvège très largement (c'est-à-dire avec accession aux grades, jouissance des bourses, etc.) depuis 1884, le Danemark depuis 1875, ont donné droit de cité académique aux femmes. Les universités de Suisse leur ont ouvert leurs portes successivement, celle de Bâle elle-même, ce foyer du conservatisme helvétique. En Belgique la situation est à peu près la même que chez nous : en octobre 1892, l'université de Bruxelles a reçu une femme docteur en philosophie (Mⁱˡᵉ Marguerite Gombert), avec interrogations sur la métaphysique, l'histoire, le latin, le grec et les littératures anciennes.

Ce grand mouvement n'est-il pas d'un haut intérêt, ne témoigne-t-il pas à lui seul de la révolution qui s'accomplit dès maintenant dans la condition des femmes? Car l'égalité de culture est un élément essentiel de la véritable égalité. L'éducation diminue les maux de deux manières, moralement d'abord, en les allégeant, en y apportant les meilleures consolations; puis bientôt temporellement même, en donnant le moyen d'en sortir.

Il n'en est pas moins nécessaire, ou plutôt il est d'autant plus nécessaire que d'autres progrès s'ajoutent aux progrès de l'éducation, et permettent à la femme d'en recueillir tout le bénéfice temporel. Car il est très vrai, et ce n'est pas à tort que les gens hostiles dénoncent ce danger, que l'éducation supérieure sans débouchés, sans issue, en fortifiant et affinant les facultés intellectuelles pour les laisser sans emploi, risquerait d'aggraver le mal en augmentant le pouvoir de le sentir.

Ici commencent ou plutôt redoublent les difficultés; et il faut bien le dire, elles tiennent souvent moins à la nature des choses qu'à des résistances conscientes ou non de la part de l'opinion et des mœurs, c'est-à-dire surtout de la part des hommes, résistances dont le principe n'est pas toujours indigne de respect. Tâchons de voir un peu clair dans le chaos des faits et des idées à ce sujet.

La règle souveraine, selon moi, c'est que la femme doit être admise librement, à égalité de titres et d'aptitudes, à tous les emplois légitimes de son activité, c'est-à-dire à tous les moyens de gagner honnêtement sa vie, qui ne mettent pas en péril la famille et, par elle, la société.

Subsidiairement, il faut non seulement admettre, mais favoriser, protéger, j'entends favoriser et protéger *légalement* la femme dans tout ce qu'elle peut faire bien, avec profit pour elle-même et les siens, dans tout ce qui peut la mettre à même de subvenir honorablement à ses besoins et à ceux de sa famille.

C'est ici que les hommes deviennent volontiers ombrageux, non pas toujours, comme on le dit, par ce médiocre sentiment, la crainte de la concurrence, que par ce sentiment autrement respectable, la crainte secrète de voir leur affection et leur appui moins nécessaires, de voir peut-être les rôles se renverser, et la femme, devenue tristement indépendante, mépriser la vie domestique.

Or je crois que ce danger est purement imaginaire, et je puis, pour cela, invoquer ce que nous avons dit dans la psychologie de la femme. Je crois que l'indépendance que les femmes pourront gagner de la sorte tournera, non seulement à leur profit immédiat, mais au profit de la famille d'abord et de la société tout entière, en améliorant les mœurs, et en corrigeant l'homme de défauts qu'il a tort de prendre pour des droits et dans lesquels il se complaît. Si c'est pour ces privilèges suspects qu'il réclame, si c'est un certain genre de supériorité et

de protection qu'il veut conserver, tout moraliste
devra, sans hésiter, passer outre. Mais tout moraliste, pour cela, aura besoin d'être convaincu,
comme je le suis, que la famille n'est pas menacée,
au contraire. Car c'est pour la famille surtout, c'est
pour le bien public autant que pour le bien privé
de la femme, que je désire la voir soustraite enfin à
l'ancien dilemme : « esclave ou objet de luxe,
bête de somme ou poupée ». Du moment où je ver-
rais un danger pour la famille, je résisterais plus
que personne, dans l'intérêt même de la femme.
Mais je n'arrive pas à voir la famille compromise,
ni le mariage aboli, ni l'homme réduit aux jupons,
parce que la femme aurait accès de plus en plus à
des fonctions et des professions qui, couronnant
son émancipation intellectuelle par une certaine
indépendance économique, la mettraient à même
d'utiliser pratiquement ses facultés et son savoir,
quand les nécessités de la vie l'y condamnent. Soit
qu'elle les utilise comme fille (que de filles ont des
parents à soutenir!), ou comme veuve, ou même
comme femme mariée, je ne crois pas que la
famille ait à en souffrir, en général.

Mais s'il faut que la femme puisse gagner sa
vie et se suffise au besoin, nous devons souhaiter
que ce soit par des occupations qui conviennent à
sa nature, et qui atteignent et flétrissent en elle le
moins possible la fleur de la féminité. Et elle est
la première à le désirer. Elle sent bien ce qu'il y

a d'anormal pour elle à être obligée de lutter pour
la vie dans les durs métiers qui sont surtout des
métiers d'hommes. Mais ce n'est pas une raison
pour lui interdire absolument les occupations
auxquelles nous aimerions mieux ne pas la voir
condamnée. Les femmes qui ne connaissent pas
pour les avoir éprouvées les tristes nécessités de la
pauvreté, ont des indignations et des colères plaisantes; elles ne voient dans les efforts des jeunes
filles pauvres qu'un sentiment d'orgueil, un désir
d'empiètement : « La femme a besoin de regarder
de bas en haut, s'écriait l'une d'elles, et d'être femme.
Il est ridicule qu'elle veuille regarder de haut en bas
et protéger l'homme. » Fort bien, mais la femme a
besoin aussi de manger, et souvent de faire manger
un mari malade, ou des enfants qui n'ont plus
de père. Alors on fait ce qu'on peut, on ne choisit
pas. L'opinion qui veut que la femme reste femme
est fort sage; mais au lieu de s'en prendre aux
malheureuses et vaillantes femmes que la nécessité oblige à faire un travail au dessus de leurs
forces ou peu indiqué pour leur sexe, cette opinion
devrait se tourner contre les employeurs sans
entrailles qui abusent de ces nécessités pour leur
demander de tels travaux sans égards pour elles,
(les forçant, par exemple, à être toujours debout
pour une besogne qu'elles feraient aussi bien
assises), ou pour leur faire faire au rabais un travail d'homme, dût cela réduire l'homme au chô-

mage. La cruelle vie industrielle, avec la concurrence à mort qui est sa loi, a créé des mœurs qui consternent souvent le moraliste! Tout ce qu'on pourra faire légalement contre ces usages destructifs de la famille, sans diminuer les ressources de la famille elle-même ni ruiner les industries, je suis d'avis qu'on le fasse. Car si l'on n'y met ni scrupule moral, ni mesure, comme un grand nombre de travaux manuels, après tout, peuvent être faits, vaille que vaille, par des femmes, on en viendrait à rendre la vie plus difficile aux hommes, et à augmenter par là encore la charge de leurs femmes et de leurs filles. Concluons donc pour ce qui concerne les métiers qu'ils doivent tous être accessibles à la femme en principe; mais qu'il faut tout faire moralement d'abord, par la législation au besoin, pour qu'elle ne soit pas forcée d'y recourir sans mesure et sans choix, sans protection contre la rapacité des employeurs, et au détriment de la famille et de la race.

En passant, je veux signaler une amélioration de la condition des ouvrières due à l'initiative privée. Une femme auteur, miss Emily Faithfull, fille d'un clergyman, frappée du peu d'occupations rémunératrices permises aux femmes, se voua à la tâche d'en créer. Elle apprit la typographie, et, en 1860, non sans de grandes difficultés, elle établit une imprimerie où elle n'employa que des femmes. Cette imprimerie, *Victoria Press*, ayant produit un magnifique volume, *Victoria Regia*, qui ne laissait aucun doute sur la perfection du travail, la directrice fut nommée imprimeur et éditeur de la Reine. Deux ans après, elle fonda le *Victoria Magazine*, spécialement consacré à défendre les intérêts féminins au point de vue du travail.

D'une manière générale, la liberté des professions est un des droits consacrés à peu près partout, et reconnus chez nous par la Déclaration des droits de l'homme; il n'y a de restrictions que pour les professions d'un caractère semi-public, où des conditions de capacité ont été imposées dans l'intérêt du public. Les femmes ont donc, en droit, le libre choix de toutes les professions, sauf à en remplir les conditions. Dans cet ordre de choses, tout ce qui n'est pas défendu est permis. Mais pour que cette liberté ne soit pas pratiquement illusoire, pour que les femmes puissent en user avec quelque avantage, il faut qu'à l'instruction générale, largement et gratuitement départie par l'école publique, s'ajoute une bonne éducation professionnelle. C'est ce qu'ont bien compris les femmes de cœur qui, avec et après Mme Elisa Lemonnier, ont fondé, en trop petit nombre malheureusement, des écoles professionnelles de jeunes filles, pour mettre au moins une petite élite de jeunes filles pauvres en état de gagner leur vie honorablement par des travaux de leur sexe, susceptibles d'être faits pour la plupart à la maison même, sans quitter pour l'atelier si dangereux le foyer des parents ou du mari, ni le berceau de l'enfant. Ce serait rendre aux femmes un immense service que de multiplier de telles écoles, en variant le type le plus possible, pour ne pas retomber dans la concurrence. Le groupe de la « Solidarité des femmes » me paraît avoir été bien inspiré quand il a décidé récemment de faire tous ses efforts pour fonder une école professionnelle d'imprimerie et de lithographie. Quand cette école fonctionnera, il sera peut-être plus facile aux femmes qui en sortiront d'obtenir des salaires décents : car, à l'heure actuelle, les salaires des femmes étant de moitié ou d'un tiers moindres que ceux des hommes, leur substitution aux employés hommes ne ferait qu'affamer les deux sexes. Le même groupe a indiqué comme convenant spécialement aux femmes les professions de « pharmacienne, architecte, ébéniste, horticultrice, photographe, tourneuse, horlogère, serrurière, pâtissière, médecin. » La plupart de ces professions pourraient en effet, s'ouvrir aux femmes. D'une manière générale, il faut leur donner accès à tout, en exigeant d'elles les mêmes garanties que des hommes, et les traiter selon leurs œuvres. Des aptitudes inattendues pourront se révéler à l'user, comme aussi des inaptitudes imprévues. C'est à leurs risques et périls qu'elles exerceront leurs facultés. Voilà la justice.

Il faut donc prendre garde de supposer des incompatibilités ou une incapacité naturelle sans de bonnes raisons fondées sur les faits. Par exemple, une des nouveautés les plus vivement critiquées, c'est la femme médecin. Il est certain que les études médicales ont quelque chose de rude et de triste, si l'on veut, qui ne va pas trop bien à la fraîcheur d'esprit de la jeune fille. Mais après! Est-ce de cela qu'il s'agit? Il ne s'agit pas non plus de savoir si les maîtres sont plus indulgents pour les femmes aux examens; s'ils le sont, ils ont tort. Mais je suppose les examens identiques, les grades de bon aloi; il m'est impossible de voir ce qu'il y a d'inconvenant ou de fâcheux à ce qu'une femme soit admise à donner des soins aux malades, aux femmes notamment et aux enfants! Il vaudrait mieux qu'elle n'y fût pas forcée, d'accord; mais dès qu'elle y est forcée, de quel droit l'empêcherait-on de faire ce qu'elle peut faire bien et utilement? En quoi cela lui convient-il moins que d'être employée dans les chemins de fer, les banques, les grands magasins de commerce? Les quelques femmes qui sont médecins à Paris rendent des services qu'on utilise notamment dans nos lycées de filles; on ne dit pas que la santé s'en trouve plus mal que les convenances. Il y a en Angleterre 150 femmes docteurs en médecine; à Londres seulement 46 exercent. On les compte par centaines aux États-Unis.

Encore une fois on peut penser qu'il est fâcheux

que les femmes aient à quitter leur demeure jour et nuit pour s'exténuer à monter des étages et à faire des visites médicales. Mais elles ne le feront, nous pouvons y compter, que dans la mesure où il le faudra nécessairement; et alors qui oserait le leur interdire? Qui ne sait qu'elles se fatiguent présentement à quantité de sorties diurnes ou nocturnes qui sont infiniment moins utiles et ne sont pas plus hygiéniques, qu'elles font nombre de visites qui n'en valent pas toujours mieux pour n'avoir rien de médical. J'attends encore qu'on me cite une femme que son doctorat a empêchée de vouloir se marier le jour où elle l'a pu honorablement. Les hommes médiocres, il est vrai, peuvent craindre de les épouser, de peur de ne pas exercer si facilement une domination sans limite; qu'ils en épousent d'autres, c'est leur affaire! Et maintenant, il faudrait mettre en ligne de compte le bien que la femme médecin est mieux à même de faire que l'homme dans beaucoup de cas. Il y a des choses en fait de maladie ou d'hygiène qui ne peuvent être bien et utilement dites aux femmes que par des femmes. Quand elle ne ferait que prévenir par ses conseils une partie des maux que la médecine a tant de peine à guérir!

Nous venons de parler des professions qui sont libres, en quelque sorte, par définition, du moment qu'il n'y a pas d'incapacité spéciale. Que faut-il dire du droit de la femme pour les professions et fonctions d'un caractère public qui ne sont ouvertes que pour ceux à qui la loi les ouvre expressément? Les professions de médecin et de pharmacien, d'instituteur libre sont déjà à demi publiques, puisque l'État exige des garanties qui sont les grades. Cependant il est entendu que le grade confère à qui l'a le droit d'exercer; et dans les pays libres, cela va de plein droit; une investiture expresse n'est requise en plus que pour exercer au nom et au compte de l'État, ce qui fait le fonctionnaire [1].

Les fonctions publiques appellent celui qui les exerce à participer directement à l'autorité publique, à détenir pour une part la puissance même de l'État. L'État les délègue à qui bon lui semble tant qu'il ne s'agit que de l'exécution et des actes de détail. C'est ainsi qu'il appelle les femmes dans les bureaux de poste et dans les écoles des divers degrés. Mais celles de ces fonctions qui sont une véritable participation au gouvernement sont jusqu'ici, du moins en Europe, réservées au sexe investi de la puissance politique. Telles les fonctions pro-

---

1. Cependant en Angleterre, en 1876, en Belgique, la même année, en Russie en 1890, ce sont des lois ou des décrets exprès qui ont reconnu aux femmes le droit d'exercer la médecine, vu la nouveauté du cas et ce qu'il avait d'inusité dans les mœurs. En Autriche, où les femmes n'ont pas le droit de conquérir les grades, une femme, une seule, a été autorisée par acte gracieux de l'empereur à exercer la médecine en vertu d'un diplôme obtenu à l'étranger.

prement administratives et les fonctions judiciaires, avec celles du barreau et des officiers
ministériels qui s'y rattachent, avoués, notaires,
avocats. Seulement la ligne de démarcation est
flottante entre les employés et les autorités, entre
les fonctionnaires subalternes et les agents de
l'État. Par suite, la règle a varié selon les fonctions
spéciales auxquelles les femmes aspiraient et leur
aptitude présumée à les remplir. Pour les fonctions infimes, l'État les accorde aux femmes d'autant plus volontiers qu'à égalité de travail elles
sont généralement payées un quart ou un tiers
moins que les hommes!

On n'en est pas au même point en tout pays, et
quelquefois on ne sait pas bien où l'on en est. Ainsi
aux États-Unis, dans le petit État de Wyoming, il
y a des femmes juges de paix. Cette fonction étant
élective, une femme y fut élue, et l'élection fut
jugée valable, si bien valable que le nouveau juge
condamna, dit-on, à dix jours de prison son mari
pour manque de respect à la cour. Il paraît que
l'on va devant ces juges féminins de préférence,
que leurs arrêts n'ont encore été l'objet que de
deux appels, et appels rejetés, cela d'après le
témoignage officiel d'un magistrat supérieur. Mais
le mouvement féministe est bien plus avancé aux
États-Unis que dans nos vieux pays d'Europe.

Chez nous, c'est du côté de l'enseignement que
les femmes ont commencé à faire brèche vers les

hautes fonctions administratives. Organisant en grand l'enseignement des filles, comment fermer aux femmes l'accès des jurys d'examen, des fonctions de contrôle et des conseils universitaires? On a eu, par suite, des inspectrices, et même des inspectrices générales, on a eu des femmes dans les conseils départementaux, on en a eu dans le conseil supérieur de l'Instruction publique qui fait les programes et les règlements d'administration publique pour l'enseignement, qui même exerce de hautes fonctions disciplinaires et véritablement judiciaires.

La porte est donc ouverte, et grande ouverte. Mais que d'incohérence et de confusion encore! Ces mêmes femmes, investies de fonctions publiques, si elles sont mariées ne s'appartiennent pas dans leur maison même: elles y sont subordonnées à ce point qu'elles ne peuvent ni vendre, ni acheter, ni disposer de leur bien sans la permission de leur mari; elles ne peuvent exercer la tutelle légale, etc. Comment s'étonner, dans ces conditions, que beaucoup d'hommes protestent contre les hautes fonctions déléguées à un sexe encore aussi asservi au point de vue domestique? A de récentes élections du Conseil supérieur, par exemple, un candidat a demandé la suppression des inspectrices primaires. C'est une loi de l'histoire, semble-t-il, qu'on ne recule jamais utilement sur les progrès acquis. D'autre part, il paraît bien vrai qu'avant de faire un pas de

plus, il serait logique d'assurer à la femme mariée
le maximum d'indépendance possible et sans lequel
il n'est point d'égalité morale vraie. Sans quoi,
tout ce qu'on fait pour la femme non mariée est
une prime au célibat.

Craint-on l'abus, et que la femme ainsi éman-
cipée se donne aussitôt une indépendance de mauvais aloi? Je crois que c'est le contraire qui arriverait. L'indépendance est l'école de la responsabilité
et du sérieux, c'est la condition *sine qua non* de la
seule affection qui ait du prix, de la seule union
qui vaille moralement. Aux États-Unis, au Canada,
en Angleterre, en Australie, en Russie l'autorité
maritale est infiniment moindre que chez nous, la
femme mariée y est à peu près affranchie de toute
sujétion légale; or, ne sont-ce pas des pays où la
famille est solidement établie? La moralité domestique et la natalité faiblissent précisément dans les
pays où l'on s'efforce le plus de tenir la femme en
tutelle. La France est, après l'Italie, le pays où la
femme travaille le plus de ses bras (il y a
4 415 000 ouvrières contre 5 937 000 ouvriers sur
un total de 10 352 000). C'est aux États-Unis, où
la femme a le plus de liberté et le plus de droits,
qu'elle est aussi le plus ménagée, le plus laissée à
ses occupations de femme et à son foyer. Je ne
crains donc rien, encore une fois, pour la famille,
de ce qu'on pourra faire pour relever moralement
et matériellement la condition de la femme.

Nous conclurons donc qu'on doit donner à la femme, mariée ou non, tous les moyens de gagner sa vie, et l'admettre à tout ce qu'elle peut faire bien, à ses risques et périls; et qu'on doit à la femme mariée toute l'indépendance, toutes les garanties de justice compatibles avec le lien familial.

Mais n'oublions pas que le remède le plus sûr aux maux qui nous préoccupent, ce serait la guerre au célibat, une législation et des mœurs qui fissent primer résolument en tout les nombreuses familles.

TREIZIÈME LEÇON

La question des droits de la femme (suite). Des droits politiques.

La condition politique de la femme aux États-Unis; en Allemagne; en Suisse; en Angleterre; en France. — Discussion générale de la question. — Elle ne se pose pas actuellement chez nous. — Dans l'avenir, véritable intérêt de la femme : la vie de famille. — Intérêt supérieur de la société : la femme, principe d'union et d'amour.

Nous arrivons aux points délicats de la question. Il y a, en effet, dans les revendications des femmes des choses très différentes et d'une valeur très inégale. Nous avons essayé de faire ce qu'on ne fait pas assez en général, de procéder par ordre et gradation dans l'exposé de leurs desiderata. En première ligne, nous avons mis toutes les améliorations réalisables par les mœurs seules et, dès maintenant, par l'initiative même des intéressées et la bonne volonté de leur entourage. De cet ordre est essentiellement l'accession de la femme à toutes les professions dont elle peut se rendre capable, et qui lui sont ouvertes, en droit du moins, par le principe même de la liberté des professions. Et je n'entends pas seulement celles qui lui permettront de gagner sa vie. Les formes supérieures de l'activité, l'art, la science, les lettres, ne lui sont interdites ni par la nature, ni par la loi. Sans souhaiter qu'elle se précipite dans ces voies, où il y a pour elle tant de déboires, au moins faut-il reconnaître que l'homme d'esprit et de cœur ne peut que les lui ouvrir avec bonne grâce. Elle a le goût, elle a l'intelligence, elle a quelquefois le loisir : pourquoi l'opinion n'applaudirait-elle pas aux efforts qu'elle fera à ses risques et périls pour produire des œuvres de valeur. On lui permet la bienfaisance, les œuvres de charité, pourquoi pas aussi la production artistique, littéraire et scientifique? Ce qu'il y a de plus solide peut-être dans le livre de Stuart Mill, c'est la partie où il montre combien la nature de de la femme serait relevée et élargie par le seul fait de se sentir appelée à une vie complète, d'avoir sa *considération* à elle, indépendante de celle de l'homme, d'avoir droit à d'autres vertus que celle qui consiste à peu près uniquement à s'abstenir d'un certain genre de fautes.

On a commencé à accorder aux femmes les distinctions officielles, à leur ouvrir la légion d'honneur; n'était-ce pas la simple justice? Qu'y aurait-il de choquant à ce qu'elles pussent aussi siéger

dans les académies? Est-ce que l'Académie française, ce « salon », perdrait quelque chose à compter
une George Sand? Est-ce qu'une Rosa Bonheur
déparerait l'Académie des Beaux-Arts? Jules
Simon semble croire que cela viendra : « On commence généralement par leur refuser, dit-il, et on
finit par leur accorder..... Il faut leur accorder tout
ce qu'elles demandent, excepté quand elles deman-
deront à devenir des hommes, ce qui serait trop
malheureux pour nous et pour elles. »

Mais qu'est-ce, pour elles, que demander à devenir des hommes? Qu'entend-on par là? C'est la
formule qu'on leur oppose pour tout ce qu'on veut
leur refuser. Elle ne dispense donc pas d'examiner
en elle-même chacune de leurs prétentions.

Essayons maintenant de voir ce qu'il faut penser
de la grande et difficile question des droits politiques de la femme. Et pour cela prenons d'abord
l'idée de la manière dont elle se pose dans les principaux pays.

Aux États-Unis les femmes jouissent d'une liberté
de fait, d'une indépendance dont nous n'avons presque aucune idée. Elles ont leurs cercles. Elles ont
leurs journaux. Beaucoup ont de très hautes situations dans le journalisme. Ainsi la chronique littéraire du *New York World* est faite par une jeune
fille. Le *Harper's Bazar* est dirigé par une femme,
Miss Booth, au traitement de 40 000 fr. par an, etc.

Elles sont légistes et beaucoup tiennent des cabinets d'affaires. Dans certains territoires elles sont membres du jury. Dans le petit État de Wyoming, j'ai rappelé qu'une femme, Mme Ann Scaïly, avait été élue juge de paix. En un mot les Américains ont abaissé toutes les barrières sociales devant elles. Mais pour le suffrage politique la résistance jusqu'ici a été absolue. « Le sentiment populaire est entièrement favorable à ce que toute facilité soit donnée aux femmes dans la vie, dit M. Bryce dans son remarquable ouvrage *The American Commonwealth*. Mais dès qu'on demande pour les femmes le suffrage politique, le peuple américain se cabre. C'est en vain qu'on invoque le droit naturel. La théorie atomique selon laquelle à toute unité humaine revient sa quote-part arithmétique du pouvoir politique, le peuple américain la repousse implicitement, et ses tribunaux la condamnent formellement. » En effet, le mode le plus usuel de revendication pour les femmes consiste à réclamer leur inscription électorale et à attaquer devant les tribunaux la décision qui la refuse. Or les tribunaux jusqu'ici ont été inflexibles et ont confirmé toujours cette décision en termes souvent fort durs pour la prétention. Il y avait bien quelque chose de pénible à accorder le suffrage politique aux noirs et à le refuser aux femmes; mais si cette considération a fortifié l'attaque, la résistance a tenu bon.

L'agitation pour l'extension du suffrage aux femmes continue dans deux directions. Les uns voudraient atteindre ce résultat au moyen d'une loi fédérale, comme celle qui, sous la forme de l'amendement XV à la Constitution des États-Unis, a imposé à tous les États l'admission des nègres à l'exercice des droits politiques; les partisans du droit des femmes réclament en leur faveur un XVIe amendement. Une agitation parallèle se poursuit dans les États particuliers pour obtenir des magistratures locales le droit de suffrage. Au Congrès, les femmes ont été admises à exposer leurs doléances dans les commissions; mais leur demande a été rejetée. Dans certains États (Colorado, Orégon, Nebraska, Indiana, South Dakota) elles ont été plus heureuses, elles ont enlevé le droit de vote. Seulement la disposition constitutionnelle, même avec la sanction du gouverneur, ne peut avoir force de loi qu'après la ratification du peuple; et celui-ci a rejeté invariablement les bills relatifs au suffrage politique des femmes [1].

Remarque curieuse, le plébiscite dans lequel le South Dakota, à la fin de 1890, a rejeté la clause relative au suffrage des femmes par 45 682 voix contre 22 972, a admis le suffrage des Peaux-Rouges « civilisés » par 38 676 contre 29 593.

---

1. D'après M. Ostrogorski, *Sur la femme au point de vue du droit public* (1892).

Autre remarque, d'un intérêt plus général : à l'exception de l'État d'Indiana, qui est assez occidental et fort civilisé, c'est dans les États les plus rudimentaires de l'Ouest américain qu'on a été près d'admettre les femmes au vote politique, comme à toute sorte d'égalité; la résistance est incomparablement plus grande dans les États supérieurs et dirigeants. N'est-ce pas une sorte de confirmation de cette loi que nous avons reconnue, que la différenciation des sexes et leur divergence vont croissant avec la civilisation, comme toute autre division du travail?

Il pourrait bien y avoir là une indication utile pour nos conclusions dernières; à moins de croire que la civilisation ait fait fausse route et doive rebrousser chemin, il paraît bien que le progrès véritable n'est pas dans l'identification des sexes et leur égalité radicale, mais plutôt dans l'égalité morale au sein de la différence des fonctions et dans la solidarité volontaire.

Mais voyons un peu les autres pays. En apparence, plusieurs sur le continent sont plus avancés que le nôtre et ont fait plus pour les femmes; mais pour tous, à l'exception de l'Angleterre, c'est une apparence trompeuse. Règle générale, ce qu'on leur a accordé de plus que nous, on le leur fait bien payer par ce qu'on leur accorde en moins (du côté, par exemple, de l'instruction); mais surtout ce n'est pas à elles qu'on l'a accordé, c'est à la propriété quand elles s'en trouvent dépositaires. En effet, dans le monde germanique et dans le monde slave on leur a reconnu, dans une mesure variable, le droit qu'elles n'ont pas chez nous de prendre part au gouvernement local; mais c'est que, dans ces pays, ce droit est déterminé, non comme chez nous par la qualité de citoyen, mais par la possession du sol ou par la condition du cens. De ce chef, la femme est souvent admise au vote local. « En Allemagne, où le contraste entre les municipalités urbaines et les rurales est complète,... les femmes sont admises au suffrage municipal dans les campagnes, mais elles en sont exclues partout dans les villes [1]. » Au contraire, « dans le monde latin où le droit communal coïncide, ou à peu près, avec le droit de cité politique, la femme est invariablement exclue de toute participation à la gestion des affaires communes ».

Le fait suivant vérifie cette loi d'une façon bien curieuse. La Suisse, pays à la fois germanique et roman, présente, selon les cantons, les deux types d'organisation municipale; et les femmes, admises à prendre part à l'administration locale dans les cantons allemands, en sont exclues dans les cantons de Genève et de Vaud. Mais voici qui est plus topique encore. La loi municipale du canton de

---

1. Ostrogorski, *ouvrage ci é.*

Berne, du 6 décembre 1852, accordait le vote par mandataire aux femmes indépendantes payant la contribution communale. Elles ne faisaient pas usage de ce droit; mais en 1885, à l'instigation des partis rivaux, elles descendirent dans la lice. Alors le principe en vertu duquel les femmes ne représentaient au scrutin que les intérêts économiques parut faussé; et après l'élection où les femmes avaient pour la première fois usé de leur droit de vote, on le leur retira [1].

Cet électorat local accordé aux femmes, sans l'éligibilité d'ailleurs, et par délégation la plupart du temps, est si peu accordé aux femmes personnellement et surtout à titre politique, que les pays où on le leur accorde, et dans quelques-uns c'est de temps immémorial, sont souvent ceux comme l'Autriche, où l'on est le plus éloigné de lui reconnaître non seulement des droits politiques, mais même la moindre indépendance civile. L'Angleterre seule (avec la Russie à certains égards) lui reconnaît une assez grande égalité civile. C'est que les mœurs lui sont plus favorables que chez nous, non pour la galanterie mondaine, mais pour le respect qui lui est dû dans toutes les conditions. Ainsi dans les congrès des *Trade-Unions*, du moins depuis celui de Liverpool (septembre 1890), les deux sexes ont leurs mandataires : preuve que

1. Ostrogorski, *ouvrage cité.*

les sociétés ouvrières sont favorables au droit des femmes dans la limite de leur compétence. Mais surtout l'Angleterre a la religion de la propriété; et c'est un principe fondamental de son droit public que partout où la propriété paie des taxes, le possesseur doit, directement ou indirectement, les voter et en surveiller l'emploi. Quand la propriété est possédée par une famille qui a son chef mâle, point de doute, c'est lui qui exerce le droit pour toute sa famille. Mais quand c'est une femme qui est chef de maison, propriétaire d'un domaine, chef d'une industrie, etc., on admet naturellement qu'elle a le droit électoral qui y est attaché : selon les cas, elle l'exerce directement ou par mandataire. Rien de plus logique dans un pays où, à l'origine, les voix comptaient au prorata des taxes payées (jusqu'à concurrence de 6 voix). C'est ainsi que les femmes prennent part aux élections de la paroisse (ancienne *township*), de la sacristie (*vestry*), des *guardians of the poor*. Dans ce dernier cas, il n'y a pas d'assemblée plénière; le vote a lieu à domicile, et est relevé par des agents de police. C'est comme contribuables que les femmes votent; ce ne sont donc que les filles et les veuves payant un certain impôt. Elles sont éligibles aux fonctions de sacristain, de marguillier (*churchwarden*), de *guardians of the poor* et de *overseers of the poor*.

Pour les bourgs, à l'origine, la franchise électorale était réservée aux hommes; d'où une contradiction quand une *township*, prenant de l'extension, était érigée en bourg. Ses droits étaient accrus, mais les femmes voyaient les leurs supprimés. En 1869, J. Bright fit amender la loi et accorder l'électorat municipal aux femmes dans les bourgs. Mais elles n'ont pas l'éligibilité. Et il ne s'agit toujours que des femmes non mariées. En Écosse la femme séparée vote, mais il n'en est pas ainsi en Angleterre. Pour les *school-boards*, le corps électoral est le même que pour la municipalité dans les bourgs. Les femmes y sont donc électrices, et de plus éligibles, sans restriction, mariées ou non. Enfin, en Angleterre et en Écosse, les femmes non mariées sont électrices, mais non éligibles, aux conseils de comté, devenus électifs en 1888, toujours avec les contributions pour base. Rien de tout cela ne s'applique à l'Irlande, où les femmes n'ont aucun droit électoral.

En Angleterre, d'ailleurs, remarquons-le, et même à Londres, les femmes usent très peu de leur droit d'électrices municipales.

De ces droits, qui sont sans inconvénient pratiquement, les femmes prennent texte pour réclamer le suffrage politique, l'électorat, voire l'éligibilité au Parlement, le « Parliamentary suffrage » : c'est ce qu'elles appellent leur « Magna Charta ». Avec Stuart Mill, et par lui, le mouvement est devenu fort sérieux, bien plus près d'aboutir qu'en Amérique. Lors de la réforme électorale de 1867,

« Reform bill », Stuart Mill, député, présenta un amendement pour substituer partout dans l'acte le mot *person* au mot *man*. On le rejeta. Mais, dit quelqu'un, *man* signifie dans la loi *homo* et non pas *vir*; la femme est *homo*, elle n'a qu'à voter. Et elles essayèrent de se faire inscrire. Ici on les écarta, là on les inscrivit, selon la complaisance des *overseers of the poor* et du *revising barrister*. La plupart cependant rayèrent les femmes, parfois avec amende. En somme, près de 230 femmes se trouvèrent définitivement sur les listes. Celles qu'on écartait intentèrent un procès. Elles le perdirent. Le *Chief Justice* n'admit pas que le législateur, s'il avait voulu introduire une modification aussi importante que l'extension de la franchise aux femmes, l'eût fait en se servant du mot *homme*. Rejet poli, car l'arrêt faisait remarquer que l'exclusion des femmes n'était point la marque d'une infériorité intellectuelle, mais plutôt un honneur rendu à leur sexe, un privilège, « *honestatis privilegium* ».

La question est revenue souvent devant le parlement ; et les femmes ont gagné du terrain tout en échouant. A l'une des dernières discussions dans la Chambre des communes, le bill ne fut rejeté que par 175 voix contre 152. Un déplacement de 12 voix l'eût fait passer.

Au reste la condition civile des femmes a beaucoup profité de cette agitation. Si ce n'est pas encore l'égalité, du moins on ne peut plus parler de sujétion. La femme anglaise dispose librement des produits de son travail, des sommes qu'elle épargne, de ses revenus. Elle a encore besoin d'être autorisée cependant à peu près dans les mêmes cas que la femme française.

Revenons maintenant chez nous. Pays latin, la France est un des plus résistants aux prétentions électorales des femmes. Chez nous, en effet, l'électorat, même local, a toujours un caractère politique; il n'appartient qu'aux citoyens, et les listes sont les mêmes à peu près pour le conseil municipal que pour la Chambre des députés. Il faudrait accorder tout ou rien. Elles n'ont donc l'électorat que tout à fait exceptionnellement, dans les Conseils universitaires jusqu'au Conseil supérieur.

La femme est donc exclue chez nous de toutes les fonctions dirigeantes et politiques, de toute judicature, et des offices qui se rattachent de près ou de loin à l'exercice de la justice. Elles n'ont en fait de droits publics non rigoureusement individuels que le droit de pétition. Encore Schœlcher a-t-il eu beaucoup de peine à le leur faire reconnaître en 1848, comme « le droit des personnes à qui on n'en accordait pas d'autre ». Elles n'ont pas le droit de réunion publique. Elles peuvent bien assister aux réunions non politiques, mais elles ne peuvent faire une déclaration de réunion publique, car les déclarants doivent jouir de leurs droits·civils et politiques. Quant aux réunions électorales elles ne peuvent même y assister. La liberté de la presse leur bénéficie tout entière en l'absence de textes limitatifs. Elles peuvent exercer la gérance des journaux [1]. Seulement, les femmes mariées, ne possédant pas la faculté d'engager leur responsabilité, ne peuvent assumer la gérance qu'autant qu'elles y sont habilitées par leurs maris.

Nous voilà ramenés au pouvoir marital. Là est, me semble-t-il, la clef de la question. Il y a, en effet, contradiction entre les prétentions qu'affiche la femme à s'élever très haut dans l'indépendance politique, et le néant de son indépendance domestique. Elle devrait commencer par le commencement et réclamer d'abord l'intégrité des droits civils : l'opinion publique serait assez facilement de son côté. Je ne dis pas que toutes ces questions elles-mêmes soient très simples, mais quand on voit qu'actuellement, en vertu du code, le mari peut tout vendre, jusqu'au lit de sa femme, sans la consulter, tandis que la femme ne peut disposer de rien sans l'autorisation de son mari, pas même de ce qui lui appartient ; quand on voit qu'elle ne peut être tutrice ni membre d'un conseil de famille, etc., on peut croire, selon un mot de

---

1. Depuis quelques années, comme on sait, elles exercent pleinement ce droit. *La Fronde*, journal politique et littéraire, est dirigé, administré et rédigé par des femmes. (Note de l'éditeur.)

Gladstone, qu'il y a là un peu moins que la justice.
Sans aller jusqu'à l'égalité absolue dans le mariage,
chose peut-être impossible, on pourrait protéger
mieux la femme mariée. A plus forte raison devrait-
on protéger mieux la jeune fille, surtout la fille
pauvre, victime ordinaire de la séduction. Il y a
là des dessous de notre civilisation qui sont hor-
ribles.

Je n'oublie pas ce que les partisans du droit
politique des femmes nous opposent : que le bulletin
de vote donné aux femmes sera leur unique moyen
d'affranchissement. Mais, d'abord, on ne réclame
ce droit, d'ordinaire, que pour les femmes non
mariées, célibataires ou veuves, pour les femmes
qui paient l'impôt, qui, dit-on, supportant les
charges et, astreintes aux devoirs du citoyen, ne
doivent pas être dépouillées de ses droits. Or il y a
quelque chose qui répugne dans l'idée de faire de
l'électorat un privilège des femmes non mariées.
Sans doute, c'est un plaisir assez froid et même
austère que celui de voter ; il n'est guère à craindre
que beaucoup de jeunes filles préfèrent au mariage
cette satisfaction médiocre, la dernière probablement pour un cœur de femme ! Il n'en est pas moins
vrai qu'un instinct juste, en somme, nous fait voir
quelque chose d'anti-social dans la mesure qui
accorderait à la jeune fille, à la veuve, à la femme
divorcée, un privilège refusé à la femme mariée
la plus parfaite et la plus digne. Plutôt ôter des

droits au célibataire endurci qu'en donner à la
femme célibataire!

Et si l'on en venait à accorder le vote à la
femme mariée, ne risquerait-on pas de briser le
lien conjugal et d'affaiblir l'unité de la famille? Si
le mariage est le vrai, et la famille la première unité
sociale, il ne faut pas inviter la femme mariée à
se jeter dans la mêlée comme son mari, et au besoin
contre lui. L'intérêt de la femme, comme celui de
la communauté, est que le lien conjugal, tout en
devenant de plus en plus doux et moral, reste fort
et étroit. Le suffrage des femmes, en multiplant les
occasions de dissidence, ne pourrait que le relâcher.

La femme y gagnerait-elle quelque chose, soit
matériellement, soit moralement? Rappelons-nous
le dilemme : ou les hommes seront de bonne
volonté, alors il n'est pas besoin que les femmes
votent pour obtenir d'eux la justice; ou ils seront
hostiles, et alors on n'obtiendra d'eux ni améliorations légales ni respect effectif des mesures légis-
latives qu'elles obtiendraient. Et, moralement, la
femme perdrait quelque chose de sa nature féminine et de son bonheur en quittant pour les luttes
politiques le foyer et la protection de son mari.
Elle est bien mieux dans sa voie en secondant
simplement, en soutenant le compagnon de sa vie,
en partageant avec lui la bonne et la mauvaise fortune; c'est ce que les femmes sentent instinctivement
et ce qui fait qu'elles se désintéressent presque

absolument de la campagne qu'on fait pour elles. L'immense majorité « hausse les épaules quand on leur demande si elles croient que le droit de vote modifierait heureusement leur existence ». Bien plus, elles ne sont pas même très nombreuses qui prennent sérieusement à cœur les autres parties du programme d'émancipation. Elles en ont un peu peur. Elles souscriraient volontiers à ces paroles de M. Anatole France : « La belle affaire pour vous d'égaler un avocat ou un pharmacien! Prenez garde : déjà vous avez dépouillé quelque parcelle de votre mystère et de votre charme. Tout n'est pas perdu; on se ruine, on se suicide encore pour vous; mais les jeunes gens assis dans les tramways vous laissent debout sur la plate-forme. » Il est si vrai que le culte semi-mystique de la femme périrait dans la rude égalité politique, que c'est précisément ce que veulent une partie de ceux qui demandent cette égalité. Tolstoï dit dans ce sens : « C'est parce qu'on leur refuse des droits égaux à ceux de l'homme que les femmes, comme des reines puissantes, tiennent dans l'esclavage... les neuf dixièmes de l'humanité. »

Mais ce n'est pas encore là la vraie raison, parce que tout cela, après tout, est l'affaire des femmes. Elles peuvent répondre : « Eh! s'il me plaît à moi de perdre mon charme féminin! si je trouve que ce n'est pas payer trop cher le droit d'entrer au barreau, dans les salles de scrutin, dans la cita-

delle des Lois, pour modifier celles qui m'ont oppri-
mée pendant des siècles, notamment celles qui sont
le dernier refuge, la place de sûreté de l'incon-
duite des hommes! » Qu'aurions-nous à répliquer?
Ne nous faudrait-il pas avouer, en fin de compte,
qu'une femme électeur ne serait pas plus brouillée
avec son foyer qu'une mondaine évaporée? Qu'une
femme avocat ne serait pas plus hors de chez elle
qu'une institutrice stagiaire?

Ayons le courage de le dire, la question est ailleurs; elle est d'ordre public et politique au sens
le plus élevé de ce mot. Ce n'est pas tant de l'intérêt de la femme qu'il s'agit que de l'intérêt de la
société.

Je ne veux pas dire que les femmes conduiraient
nécessairement mal la communauté pour leur
part; elles ont, en un sens, plus de qualités qu'il n'en
faut. Mais ont-elles cependant précisément les qualités qu'il faut? Je sais que les hommes non plus ne
les ont pas toutes, il s'en faut. Mais c'est précisément
cela, c'est l'expérience faite du suffrage masculin
qui m'effraie. De ce que l'éducation du suffrage
universel masculin n'est pas faite et est terriblement lente, il ne s'ensuit pas (au contraire!) qu'il
faille doubler la tâche et les risques, en ouvrant
hic et nunc aux femmes les portes de la vie publique.
Leur éducation est maintenant conduite assez loin
et assez haut; mais, civiquement, elle est presque
toute à faire, puisque c'est un point de vue tout

nouveau pour l'immense majorité d'entre elles.
Sans affirmer avec H. Spencer que toute l'action
politique qu'on leur concédera est acquise d'avance
aux partis réactionnaires, « au gouvernement cérémonial et surtout ecclésiastique », je crains en
effet que bien du temps ne doive s'écouler avant
que les femmes aient acquis l'esprit juridique et
civique que nous déplorons de ne pas trouver chez
les hommes.

Elles prendraient conseil, non toujours peut-être
de leur confesseur, comme on l'a dit, mais de quelque homme dont elles doubleraient simplement le
suffrage. Ou si elles se coalisaient entre elles contre
les hommes, si simplement elles se séparaient activement de leurs pères, frères et maris, quelle triste
condition de paix sociale ! Comme ce serait conforme
à leur fonction vraie, qui est de faire le lien de la
société !

Mme de Rémusat l'a dit avec force : « Dans ce qui
concerne les intérêts essentiels de la société, dès
que nous prétendons donner le mouvement, tout
dégénère. »

Le vote des femmes ne simplifierait donc pas
nos difficultés, il les doublerait; or elles nous suffi-
sent comme cela. L'intérêt des particuliers, fût-il
évident, doit céder devant l'intérêt public : si le
bien de l'État ne demande pas, ou plutôt n'admet pas
sans risques, le vote des femmes immédiatement,
attendons ! Nous ne disons pas : *jamais*; mais nous

avons pour le moins le droit, et je dirai aussi le devoir d'attendre. On verra, quand une longue culture civique leur aura fait faire l'apprentissage de l'autonomie et de la responsabilité. On n'a pas attendu pour les hommes. Mais que de fois on a tremblé pour les suites, et de quel prix on a payé tout d'abord cette conquête précipitée (le coup d'État de 1851)! Ne renouvelons pas la faute faite alors. Amar, dans un discours prononcé à la Convention contre les prétentions politiques des femmes, disait : « Considérons que l'éducation politique des hommes est à son aurore, que tous les principes ne sont pas développés et que nous balbutions encore le mot de liberté... Les femmes sont encore moins éclairées sur les principes... Ajoutons qu'elles sont disposées par leur organisation à une exaltation qui serait funeste dans les affaires publiques, et que les intérêts de l'État seraient bientôt sacrifiés à tout ce que la vivacité des passions peut produire d'égarement et de désordre. » Qui oserait dire qu'il n'y a pas là un avertissement encore valable aujourd'hui? La politique, en effet, est ce qui nous divise le plus. Faut-il jeter dans le creuset où s'élabore si confusément l'avenir de nos sociétés cet élément de confusion de plus, le vote des emmes? Il ne serait sans danger que si l'union morale était complète, mais alors il serait inutile. C'est comme arme de combat qu'on le demande; donc ce n'est pas pour faire premièrement de l'union. Jusqu'ici, Dieu merci! la dissension et la haine politiques n'entrent que très rarement au foyer même. Mais si cela allait venir! si l'on allait avoir des divorces pour incompatibilité d'humeur politique!

Je le répète : on peut entrevoir des transformations profondes qui rendent possible un jour ce qui ne l'est pas actuellement. Mais la question du droit politique des femmes ne se pose pas aujourd'hui d'une manière pressante. Faisons le plus urgent et le possible pour les femmes : c'est assez pour notre génération et même pour plusieurs.

Faut-il aller plus loin et dire tout ce que je pense? Je ne suis pas du tout persuadé que le progrès soit de ce côté. Entendons-nous bien : du côté de l'égalité morale et civile, de l'égale culture, de l'égale dignité, de l'égal développement possible dans l'art et dans la science, oui, le progrès est là, et il y a infiniment à faire, et les dangers sont nuls pour la famille, pour le mariage, pour la population; la psychologie d'un côté, de l'autre toutes les statistiques comparatives nous l'assurent. Travaillons-y de toutes nos forces, par l'éducation avant tout, et par l'amélioration de toutes les lois défectueuses.

Disons encore que l'idéal est que la femme *puisse* être légalement tout ce qu'elle peut être naturellement..... Oui, mais l'idéal sera toujours aussi qu'elle *ne veuille* pas tout être, qu'elle ne veuille être que femme, c'est-à-dire avant tout, toutes les fois qu'elle le peut, compagne de l'homme et mère des enfants, reine dans la famille, en tout cas, et toujours providence de la vie intime.

L'idéal, c'est la solidarité dans l'union cordiale, la subordination réciproque, non imposée, mais voulue et aimée : cela s'appelle d'un mot le dévouement. Mais le dévouement suppose précisément, comme la solidarité, une certaine différenciation des fonctions. C'est dans les sociétés primitives que les deux sexes ont les mêmes occupations. A mesure qu'on avance vers les temps modernes, on voit le mariage se développer, la femme se concentrer dans la famille, de plus en plus par sagesse et amour. Voilà la voie.

La femme ne demande qu'à s'y tenir : améliorons sa condition de toutes les manières, donnons-lui toute latitude et hors du mariage et dans le mariage même. Faisons nous-mêmes pour elle, spontanément, tout ce qui est juste. Mais prenons garde que la meilleure façon de faire quelque chose pour elle, c'est de favoriser la formation des familles et leur prospérité. Encore une fois, le remède aux maux qu'on dénonce, c'est d'abord que les femmes se marient, puis que les familles soient honorées, encouragées, aidées au besoin en raison de ce qu'elles font pour le pays.

Défions-nous d'un individualisme à outrance qui,

rompant le lien même, le lien sacré de la famille,
ne laisserait en présence que des personnes indépendantes les unes des autres, toutes égales, mais
toutes à cheval sur leurs droits. La famille unie,
voilà la vérité sociale. Or, dans la famille unie la
femme est suffisamment représentée politiquement
par son mari : qu'elle nous laisse le vote et la
guerre, et qu'elle se contente de panser les bles-
sures ici comme là. Qu'importe qu'elle puisse faire
aussi bien que nous notre besogne, puisque nous
ne pourrions pas, nous, faire la sienne? L'important
c'est que toute la besogne soit faite : à chacun sa
tâche; c'est le meilleur moyen pour que les choses
soient bien faites.

Si les maux dont les femmes souffrent étaient
corrigés par des remèdes purement moraux, quelle
raison auraient-elles de vouloir le suffrage? Sans
doute, il est bon, il est désirable qu'elles souhaitent
aussi de servir la patrie et de faire œuvre civique.
Et nous voulons, en effet, qu'elles puissent le faire,
et notre éducation les y préparera. Mais elles ont
un moyen pour cela, et le plus sûr de tous, c'est de
nous aider à élever des hommes et des citoyens.
L'éducation, voilà la vraie politique, la politique
supérieure, à longue échéance et à longue portée.
La femme, en faisant cette politique-là, fera œuvre
civique aussi, et même infiniment plus utile qu'en
se jetant dans la mêlée des partis pour y chercher
des garanties et y recevoir des horions.

Le jour où, depuis quelques générations, l'éducation des deux sexes serait excellente, alors, je l'avoue, le suffrage universel des femmes, comme des hommes, serait sans danger; mais il serait aussi évidemment inutile. Et elles seraient devenues trop sages pour le demander.

Coulommiers. — Imp. PAUL BRODARD. — 1242-99.

Le Féminisme aux États-Unis, en France, dans la Grande-Bretagne, en Suède et en Russie, par KAETHE SCHIRMACHER. Une brochure in-16 (*Questions du temps présent*) . . . . **1** »

De l'Éducation moderne des jeunes filles, par M. DUGARD. Une brochure in-16 (*Questions du Temps présent*) . . . . **1** »

Le Corps et l'Ame de l'Enfant, par le Dr MAURICE DE FLEURY. Un vol. in-18 jésus, broché **3 50**
Relié toile **4 50**

Esquisse d'un Enseignement basé sur la **Psychologie de l'Enfant,** par PAUL LACOMBE. Un vol. in-18 jésus, broché . . . . **3** »

La Culture morale. Lectures de morale théorique et pratique, choisies et annotées, par M. DUGARD. Un volume in-18 jésus, broché . . . . **3** »

Femmes d'Amérique, par TH. BENTZON. Un volume in-18 jésus, broché. **3 50**

La Vie simple, par CHARLES WAGNER. Un vol. in-18 jésus, broché. **3 50**

Auprès du Foyer, par CHARLES WAGNER. Un volume in-18 jésus, broché **3 50**

4490. — Paris. — Imp. Hemmerlé et Cie.

www.ingramcontent.com/pod-product-compliance
Lightning Source LLC
Chambersburg PA
CBHW050502270326
41927CB00009B/1859